核心素养视域下
中小学英语教师教学能力提升探究

张金兰　孙文欣　洪小钧　著

中国商业出版社

图书在版编目(CIP)数据

核心素养视域下中小学英语教师教学能力提升探究 / 张金兰，孙文欣，洪小钧著. -- 北京 ：中国商业出版社，2024. 7. -- ISBN 978-7-5208-3050-8

Ⅰ. G633.412

中国国家版本馆 CIP 数据核字第 2024T9S757 号

责任编辑：朱丽丽

中国商业出版社出版发行

（www.zgsycb.com　100053　北京广安门内报国寺 1 号）

总编室：010－63180647　编辑室：010－63033100

发行部：010－83120835/8286

新华书店经销

北京虎彩文化传播有限公司印刷

*

787 毫米×1092 毫米　16 开　7.75 印张　136 千字

2024 年 7 月第 1 版　2024 年 7 月第 1 次印刷

定价：45.00 元

*　*　*　*

（如有印装质量问题可更换）

前　言

在核心素养视域下，中小学英语教师的教学能力提升不仅是教育改革的内在要求，更是培养学生全面发展、适应未来社会挑战的关键所在。核心素养是指学生应具备的适应终身发展和满足社会发展需要的必备品格和关键能力，包括语言能力、文化意识、思维品质和学习策略等方面。对于中小学英语教师而言，提升教学能力不仅意味着提高英语知识的传授效率，更重要的是在教学中融入对学生核心素养的培养，使学生在掌握语言技能的同时，形成跨文化交流的能力、批判性思维的品质和自主学习的方法。随着全球化进程的加速和信息技术的发展，英语作为国际交流的重要工具，其教育价值日益凸显。因此，中小学英语教师如何提升自身的教学能力，以更好地培养学生的核心素养，成为当前教育领域亟待解决的问题。

本书从核心素养与英语学科核心素养出发，对中小学英语教师教学能力的构成要素进行了分析，探讨了基于核心素养的中小学英语教学设计，论述了核心素养视域下中小学英语教师教学方法与手段创新，并对核心素养视域下中小学英语教师教学能力的提升路径进行研究。希望通过本书的介绍，能够为读者在核心素养视域下中小学英语教师教学能力提升方面提供一定的帮助。

本书主要汇集了笔者在工作、实践中取得的一些研究成果。在撰写过程中，笔者参阅了相关文献资料，在此，谨向这些作者表示感谢。

由于笔者水平有限，加之时间仓促，书中存在的一些不足和疏漏，敬请广大读者批评指正。

张金兰　孙文欣　洪小钧

2024 年 5 月

目　录

第一章　核心素养与英语学科核心素养

第一节　核心素养的内涵

一、核心素养的关键要素与结构

（一）核心素养的关键要素

概括而言，核心素养主要包含三个关键要素：一是基础性，即普通教育阶段学生都应具备的适应终身发展和社会发展需要的必备品格和关键能力。二是综合性，即核心素养不是单一的知识或技能，而是知识、能力、情感、态度等多维度要素的有机融合。三是发展性，即核心素养不是一蹴而就的，而是需要在学生发展的不同阶段不断丰富、深化和提升的。

这三个关键要素相辅相成，共同构成了核心素养的结构框架。在这一框架下，核心素养既注重基础性的知识和能力，又强调综合性的素质培养；既关注共通性的素养要求，又突出个性化的发展需求；既重视学生当前的全面发展，又着眼于学生未来的可持续发展。正是在这种动态平衡中，核心素养超越了传统的知识本位和应试教育的局限，树立起全新的育人理念和价值追求。

在实践层面，核心素养为课程教学改革指明了方向。长期以来，我国基础教育存在重智育、轻德育，重知识、轻能力等问题，难以适应素质教育的要求。核心素养理念的提出，为解决这些问题提供了新的思路。一方面，核心素养强调知识、能力与情感、态度的融合，促使教师在传授知识的同时，更加注重对学生学习兴趣、合作精神、创新意识等非智力因素的培养。另一方面，核心素养注重学科内容与生活实践的联系，引导教师突破学科本位的束缚，加强跨学科的综合性学习，提高学生运用所学知识分析和解决实际问题的能力。

（二）核心素养的结构框架

核心素养的结构框架是一个复杂而系统的体系，它涵盖了个体全面发展所需的关键要素，为培养全面发展的现代公民提供了基本依据。这一框架通常由几个核心维度构成，如知识与技能、过程与方法、情感态度与价值观等。这些维度相互关联、相互渗透，共同构建起完整的核心素养体系。

知识与技能是核心素养结构框架的基础，它强调学生在各学科领域应掌握的基本知识和必备技能，如语言表达与交流、数学运算与逻辑思维、科学探究与创新等。这些知识和技能不仅是学生学习和发展的基本工具，也是其适应社会发展、服务国家建设的关键能力。在知识与技能维度的培养中，教师应注重知识的系统性和关联性，引导学生建构完整的知识体系；同时，要重视技能的实践性和迁移性，使学生能够灵活运用所学，解决现实生活中的问题。

过程与方法是核心素养结构框架的重要组成部分，它关注学生在学习和实践中形成的思维方式和行为习惯，如问题解决、批判性思维、创新思维等。这些过程和方法贯穿学习的全过程，影响着学生对知识的理解和运用。在这一维度的培养中，教师应创设开放性的学习情境，鼓励学生主动探究、勇于质疑；同时，要引导学生掌握科学的学习方法，养成良好的学习习惯，为终身学习和发展奠定坚实的基础。

情感态度与价值观是核心素养结构框架的高阶表现，它强调学生在学习和成长过程中形成的情感体验、价值取向和人格特质，如责任意识、合作精神、文化自信等。情感态度与价值观决定了学生看待世界、理解自我的基本立场，影响着其行为选择和人生发展。在这一维度的培养中，教师应注重人文关怀和价值引领，帮助学生树立正确的世界观、人生观和价值观；同时，要重视情感体验和态度养成，使学生形成积极向上的人格品质。

二、核心素养的价值诉求与培养目标设定

（一）核心素养的价值诉求

核心素养理念的提出，为我国基础教育改革指明了方向，彰显了教育的价值追求。作为核心素养体系的重要组成部分，价值诉求反映了社会对人才培养的期望，体现了教育的终极目标。深入理解核心素养的价值诉求，对于推进素质教育，培养德智体美劳全面发展的社会主义建设者和接班人，具有重要意义。

核心素养的价值诉求主要体现在个人修养、社会责任和文化传承三个方面。

从个人修养的角度看，核心素养强调培养学生全面而有个性地发展。它不仅注重学生知识与技能的掌握，更加重视对学生情感、态度、价值观等非智力因素的

塑造。通过培养核心素养，学生能够形成积极健康的人生态度，树立正确的世界观、人生观、价值观，成为身心健康、阳光自信的新时代青年。这种个人修养的不断提高，是学生实现自我发展、创造幸福生活的重要基础。

从社会责任的角度看，核心素养注重培养学生的家国情怀和社会担当。在核心素养理念的指引下，学校教育不仅要帮助学生适应社会，更要引导学生主动服务社会，在践行社会主义核心价值观中提升道德修养，在参与社会实践中增强社会责任感。唯有如此，学生才能在面对纷繁复杂的社会环境时，始终坚持正确的政治方向，自觉肩负起民族复兴的时代重任，成长为有理想、有本领、有担当的时代新人。

从文化传承的角度看，核心素养注重培养学生的文化自觉和文化自信。中华优秀传统文化是我们民族的根和魂，是核心素养得以生成和发展的沃土。在核心素养的培育过程中，学校要加强优秀传统文化教育，引导学生传承和发展中华民族的思想精华和道德规范。同时，学校还要重视学生对革命文化和社会主义先进文化的学习，让红色基因融入学生的血脉，让社会主义核心价值观成为学生的价值追求。唯其如此，学生才能拥有深厚的文化底蕴，成为中华文化的自觉传承者和积极弘扬者。

核心素养所体现的价值诉求，既是新时代人才培养的目标指向，也是国家发展的迫切需要。面对纷繁复杂的国际形势和艰巨繁重的改革发展任务，培养一批具有家国情怀、德智兼备、全面发展的高素质人才，是教育的神圣使命。这就要求学校必须立足核心素养理念，创新人才培养模式，优化课程教学设计，为学生提供丰富多样的发展机会和成长路径。只有这样，才能不断提升学生的核心素养，为实现中华民族伟大复兴的中国梦提供坚实的人才支撑。

（二）核心素养的培养目标设定

核心素养培养目标的设定应当立足于促进学生的全面发展，以培养适应社会发展需要的高素质人才为宗旨。这就要求我们在制定培养目标时，要充分考虑学生的认知发展水平、个性特点以及未来发展需求，努力实现知识、能力、情感态度与价值观的融合统一。

从知识层面来看，核心素养的培养目标应着眼于学生对基础知识的掌握和学科思维的形成。通过系统的学习，学生不仅要掌握本学科的基本概念、原理和方法，构建起完整的知识体系，更要学会运用学科思维方式认识世界、解决问题。因此，在设定培养目标时，教师要深入分析学科核心知识，厘清学科内在逻辑，引导学生把零散的知识点串联成网，形成纵向贯通、横向联系的知识架构。同时，要注重培养学生的学科思维品质，如数学的抽象思维、语文的形象思维、历史的辩证思维等，教育学生掌握观察问题、分析问题的科学方法。

从能力层面来看，核心素养培养目标应关注学生关键能力的培养。在知识经济时代，单纯的知识储备已远远不能满足社会发展的需要。学生更需要掌握独立思考、勇于探究的能力，以适应日新月异的时代变化。为此，在制定培养目标时，要高度重视对学生创新意识和实践能力的培养。鼓励学生大胆地提出问题、分析问题、解决问题，在对问题的探究过程中不断提升逻辑思辨能力；引导学生动手实践、亲身体验，在完成任务中锻炼动手操作能力。与此同时，还要注重培养学生的语言表达、团队协作、信息处理等关键能力，为其可持续发展奠定良好的基础。

从情感态度与价值观层面来看，核心素养培养目标应着眼于学生健全人格的塑造。为了使学生成长为德智体美劳全面发展的社会主义建设者和接班人，仅仅重视知识和能力的塑造是远远不够的，更需要将情感、态度、价值观的培养贯穿于教育教学的全过程。在设定培养目标时，要引导学生树立正确的世界观、人生观、价值观，热爱伟大祖国、拥护中国共产党的领导。要帮助学生陶冶高尚情操，引导其形成积极乐观的人生态度、严谨求实的学习态度和诚实守信的品德修养。只有实现情感态度与价值观的培养目标，才能使学生真正成长为身心健康、全面发展的时代新人。

三、核心素养的实践应用及评价维度与标准

（一）核心素养在教学中的应用

核心素养在教学中的应用是一个复杂而富有挑战性的过程。它要求教师转变传统的教学理念，突破单纯知识传授的模式，着眼于对学生综合能力的培养。在这一过程中，教师需要深入研究核心素养的内涵，准确把握其在学科教学中的具体表现，并采取科学、有效的教学策略，将核心素养的培养融入日常教学的方方面面。

从教学目标的设定来看，培养学生的核心素养需要教师超越狭隘的学科视角，立足学生的全面发展。教学目标不应局限于对各知识点的掌握，而应包含学生思维品质、合作能力、问题解决能力等关键要素。只有将核心素养培养作为教学的出发点和归宿，才能真正实现教育的根本目的。在教学过程中，教师还应该

充分发挥学生的主体性，为其提供主动探究、实践操作的机会。通过开展探究性学习、项目式学习等活动，学生能够在“做中学”的过程中，锻炼逻辑思辨能力、创新意识和动手能力。这种自主、合作、探究的学习方式，是培养学生核心素养的重要途径。

教师还需要重视学科内容与现实生活的联系，引导学生将所学知识运用于实践，提升其社会参与意识和责任担当精神。通过组织社会实践活动，开展志愿服务，学生能够在服务社区、奉献他人的过程中，增强社会责任感，从而提升自身的综合素质。同时，教师也应注重学科间的整合与渗透，帮助学生建构完整的知识体系。跨学科的学习能够拓宽学生视野，培养其全局观念和系统思维，这是核心素养的题中应有之义。

（二）核心素养的评价维度与标准

核心素养视域下，如何科学评价学生综合发展状况，是一个值得深入探讨的问题。传统的学业评价方式往往侧重于考查学生对知识点的掌握程度，难以全面反映其能力、素质的提升。为了突破这一局限，教育工作者需要创新评价理念，构建多元化的评价体系，综合运用形成性评价、过程性评价等方式，动态监测学生核心素养的形成状况。

评价学生核心素养发展的首要任务是，明确评价维度和具体指标。根据核心素养的内涵特征，可以从知识理解与应用、过程性技能、情感态度与价值观等方面入手，细化评价要素。以英语学科为例，在知识理解与应用维度，可以考查学生语言建构与运用的能力，即是否能准确理解语言文字的意蕴，恰当运用语言进行表达与交流；在过程性技能维度，可以考查学生的审美鉴赏能力，即面对优秀作品时，能否在积极阅读的基础上提炼其艺术特色，表达自己的感悟和见解；在情感态度与价值观维度，可以考查学生的人文情怀，即在学习过程中能否树立正确的世界观、人生观、价值观，陶冶高尚的道德情操。由此可见，核心素养评价指标的设计需要立足学科特点，关注学生全面而有个性地发展。

在明确评价维度和标准的基础上，教师应丰富评价形式和方法。传统的纸笔测验虽然具有客观、标准化的优势，但无法全面考查学生的实践能力、创新意识等高阶思维品质。因此，教师可以引入情境式任务、开放性作业、研究性学习等评价形式，为学生提供展示综合素养的平台。这种立体化、多元化的评价方式更加贴近学生的真实生活情境，能够激发其主动探究的热情，进而提升核心素养。

第二节　英语学科核心素养的内容

一、语言能力的内涵与要求

(一)语言知识的掌握

在语言能力的内涵与要求中,语言知识的掌握是基础和前提。学生只有通过系统学习和实践运用,才能真正理解和内化语言知识,进而为语言技能的提升奠定坚实基础。语言知识主要包括语音、词汇、语法、语用等方面的内容。其中,语音知识涉及语音的发音、语调、节奏等,是口语交际的基本要素;词汇知识涉及单词的拼写、词性、词义等,是语言表达的基本单位;语法知识涉及句子的结构、时态、语态等,是语言组织的基本规则;语用知识涉及语言的使用环境、交际目的、文化背景等,是语言运用的基本策略。这些语言知识相互关联、相互渗透,构成了一个有机整体。

英语教师要帮助学生系统掌握语言知识,需要在教学中注重以下几个方面。

首先,教师要重视语言知识教学的系统性。语言知识学习不是孤立、割裂的,而是一个由浅入深、由表及里的过程。教师要根据学生的认知水平和语言基础,科学设计教学内容,合理安排教学进度,引导学生循序渐进地掌握语言知识。

其次,教师要强调语言知识学习的实践性。语言知识的掌握绝非单纯的理论积累,更需要在实际运用中加以巩固和深化。教师要创设贴近生活、贴近学生的语言情境,引导学生在听、说、读、写等实践活动中运用所学知识,提高语言运用能力。

最后,教师要重视语言知识内化的反思性。学生在学习语言知识的过程中,难免会遇到困惑和障碍。教师要引导学生反思学习过程、总结学习经验、找出知识盲点,有针对性地予以补救和提高。

此外,英语教师还要注重培养学生良好的语言学习习惯和方法。例如,鼓励学生通过多种渠道接触英语,如阅读英文原著、收听英语广播、观看英语视频等,在丰富的语言输入中感悟语言知识的运用规律;引导学生运用思维导图、记忆口诀等方法,提高语言知识的记忆效率和巩固程度;培养学生使用词典、语法书等学习工具的习惯,提高自主学习语言知识的能力。教师在日常教学中渗透这些习惯和方法,能够帮助学生形成高效的语言学习方式,为其语言能力的可持续发展奠定基础。

（二）语言技能的运用

语言技能的运用是语言能力的关键体现，是英语学科核心素养的重要组成部分。在英语教学中，培养学生语言技能的运用能力，对于提高其语言综合运用能力，增强跨文化交际意识，形成独立思考的习惯和培养创新能力具有重要意义。

语言技能主要包括听、说、读、写四个方面。在教学实践中，教师应该采取多种策略，全面提升学生这四项语言技能的运用水平。

在听力教学中，教师可以通过创设真实语境，营造沉浸式的听力环境，引导学生在听音识意中理解语篇大意，把握说话者的态度和情感。同时，教师还应该指导学生总结听力技巧，如预测、捕捉关键词、厘清逻辑结构等，使其掌握科学的听力学习方法。

在口语教学中，教师应该为学生提供充足的语言实践机会，鼓励其大胆表达、勇于交流。通过开展主题对话、小组讨论、情景模拟等活动，学生能够在模拟真实语境中锻炼口语表达能力，提高语言的流利度和准确性。教师还可以引导学生关注口语表达的语音、语调、语速等要素，帮助其形成标准、得体的口语表达方式。

在阅读教学中，教师需要选择难度适中、内容多样的阅读材料，引导学生通过主动预测、精细阅读、合理归纳等方法理解文本内容，把握作者观点。同时，教师还应指导学生根据不同的阅读目的，采取不同的阅读方式，如略读、浏览、寻读等，提高阅读效率。此外，教师还可以鼓励学生开展课外阅读，拓宽知识视野，提高文化品位。

在写作教学中，教师应该引导学生学习规范的写作格式，掌握清晰的文章结构，运用恰当的衔接手段，保证文章的连贯性和逻辑性。同时，教师还需要指导学生合理选材，精练语言，修改病句，力求表达准确、简洁、生动。通过开展命题作文、续写练习、改错练习等活动，学生能够在实践中提高写作技能，培养语言的创新能力。

除了注重上述四项语言技能的培养外，教师还应该引导学生学会综合运用语言知识和技能，提高语言运用的整体水平。例如，在完成听后复述、读后续写等任务时，学生需要综合运用听、说、读、写等语言技能，将输入的语言内容内化为自己的语言输出。这一过程不仅能够巩固语言知识，还能提升学生的语言综合运用能力。

二、思维品质的内涵与要求

(一)逻辑思维能力的培养

在英语教学中培养学生的逻辑思维能力,不仅有助于提高其语言学习效率,更能促进其分析问题和解决问题能力的提高。逻辑思维的基本特征是条理清晰、环环相扣,这与语言表达和理解的内在规律高度契合。在英语学习过程中,教师应着力引导学生梳理语言要素之间的逻辑关系,如词汇间的上下义关联、句子成分的搭配规则、语篇衔接的逻辑线索等,使其能在语言形式的表象之下把握深层的逻辑结构。唯有建立起扎实的语言逻辑基础,学生才能在语言运用中做到心中有数,游刃有余。

逻辑思维能力的培养需嵌入英语学科核心素养的其他维度,以语言能力为例,词汇是构建语言逻辑关系的基本单元,学生只有掌握了足够的词汇量,并理解词语的语义范畴和搭配习惯,才能在表达和理解中准确运用逻辑规则。同时,语法作为一套严谨的符号系统,其本质就是对语言逻辑关系的抽象概括。教师应引导学生在语法学习中总结归纳语言运用的逻辑规律,提炼语法知识背后的抽象思维模式。可以说,语言能力的提高离不开逻辑思维能力的支撑。

英语学科的文化意识、学习能力等核心素养维度,同样蕴含着丰富的逻辑思维因素。文化背景知识的习得需要学生比较分析中外文化异同,梳理文化现象的内在逻辑;学习方法的形成需要学生总结反思学习过程,探索行之有效的思维路径。可见,逻辑思维能力已经融入英语学科核心素养的方方面面。教师应转变传统的知识灌输式教学模式,为学生提供独立思考和动手实践的机会,在语言运用、文化理解、学习方法等方面引导其加强逻辑训练。

在信息时代背景下,逻辑思维能力的培养还应顺应时代需求,体现时代特色。面对海量的网络信息资源,学生需要运用严密的逻辑分析甄别信息的真伪,筛选对语言学习有价值的内容;面对复杂的现实语境,学生需要运用缜密的逻辑推理解决交际困境,维系人际关系的和谐。这就要求教师开阔视野,将信息技术、跨文化交际等时代议题引入课堂教学,引导学生在语言实践中强化逻辑思辨,在问题解决中锻炼逻辑思维。唯有紧跟时代步伐,逻辑思维能力的培养才能彰显现实意义,焕发时代活力。

（二）批判性思维的发展

批判性思维是思维品质的重要组成部分，它强调通过理性分析和论证来评判信息的真伪、观点的合理与否。在英语学科教学中，培养学生的批判性思维能力，不仅有助于提高其语言运用能力，更能促进其全面发展，为未来学习和生活奠定坚实基础。

在英语教学中有效发展学生的批判性思维，教师需要转变教学理念，树立以学生发展为本的教育观。传统的英语教学往往以教师为中心，注重知识的传授和技能的训练，而忽视了对学生思维能力的培养。面对信息时代的挑战，教师应该突破这种局限，将培养学生独立思考、勇于质疑的意识作为教学的重要内容。教学中，教师要鼓励学生主动提出问题，表达自己的观点，通过平等、开放的师生互动，营造宽松、民主的课堂氛围，激发学生思考的热情。

为了在英语教学中能有效发展学生的批判性思维，教师需要精心设计教学内容，为学生提供运用批判性思维的机会。一方面，教师可以选取富有思想性、争议性的语篇材料，引导学生从不同角度分析问题，学会运用对立统一的观点看问题。另一方面，教师还可以创设开放性的问题情境，鼓励学生提出各自的见解，通过小组讨论、头脑风暴等形式，碰撞思想火花，加深学生对问题的理解。在这个过程中，学生不仅能够扩大知识面，提高语言表达能力，更能学会用批判的眼光看待问题，形成理性、审慎的思维品质。

在英语教学中有效发展学生的批判性思维，教师要重视培养学生主动质疑、勇于创新的科学精神。批判性思维的核心在于敢于挑战权威、突破成规，这需要学生具备坚定的意志和开放的心态。教学中，教师应该引导学生树立积极的价值观，鼓励他们敢于提出与众不同的意见，表达自己独特的见解。面对学生天马行空的想法，教师要给予热情的支持和引导，帮助其逐步完善思路，增强自信心。久而久之，学生就能养成敏锐的洞察力和勇于创新的科学精神，这对其未来的发展至关重要。

（三）创新思维的激发

创新思维是一种突破常规、打破思维定式、产生新颖独特想法的思维方式，它是解决问题、推动社会进步的重要动力。在英语教学中，创新思维的培养尤为重要。这不仅有助于学生深入理解和灵活运用语言知识，更能激发其学习热情，提高其综合素养。

1.开放、自主的学习环境

教师应努力营造轻松愉悦、鼓励探索的课堂氛围，给予学生充分的思考空间和表达机会。通过设置开放性问题、组织探究性学习等方式，引导学生从多角度、多维度分析问题，提出独特见解。同时，教师还应尊重学生的个性化想法，避免用固有的思维模式和评判标准限制其创造力的发挥。

2.丰富多样的教学活动

角色扮演、情景对话、辩论等互动性强的活动，能够调动学生的积极性，引发思维的碰撞和激荡。在这些活动中，学生需要根据具体情境灵活运用语言知识，表达自己的观点和看法。这不仅锻炼了学生的语言运用能力，更促进了其创新思维的生成。此外，将音乐、美术、戏剧等多种艺术形式融入英语教学，也能为创新思维的培养提供丰富的素材和广阔的平台。

3.重视学生的情感体验和价值引领

创新源于个体内在的好奇心和求知欲。教师应善于捕捉学生的兴趣点，设计贴近生活、富有挑战的任务，激发其探索未知、挑战自我的勇气。同时，教师还应帮助学生正确认识创新的价值，引导其将创新思维与社会责任相结合，用于解决现实问题，服务他人、奉献社会。唯有如此，创新思维才能真正成为学生终身发展的宝贵财富。

三、学习能力的内涵与要求

(一)自主学习意识

自主学习意识是英语学科核心素养中学习能力维度的重要组成部分。它强调学生在教师的引导下，主动参与到英语学习过程中，养成自觉学习、独立思考的习惯，培养自我管理、自我监控的能力。具备良好的自主学习意识，是学生成为高效的英语学习者、实现终身学习的关键所在。

1.创设有利于自主学习的课堂情境

自主学习并非学生的独角戏，而是在教师创设的情境中实现的。教师要精心设计教学活动，为学生提供自主学习的平台和机会。例如，教师可以布置开放性的探究任务，鼓励学生根据兴趣选题，自主搜集资料，形成自己的见解；又如，教师可以组织小组合作学习，引导学生在协作中相互启发，共同提升。在这些活动中，学生的主动性和积极性得到充分调动，自主学习意识也在潜移默化中得到培养。

2. 指导学生掌握科学的学习策略

自主学习并非盲目的自我摸索，而是以科学的学习策略为指导的。教师要引导学生根据学习任务和自身特点，选择恰当的学习方法，提高学习效率。例如，在听力训练中，教师可以指导学生运用预测、笔记、归纳等策略，提高听力理解能力；在阅读教学中，教师可以引导学生运用略读、跳读、猜词等技巧，提高阅读速度和加大理解深度。学生只有掌握了这些方法，才能更加从容地开展自主学习，逐步形成高效的学习模式。

3. 营造宽松民主的课堂氛围

在一个相对宽松、包容的环境中，学生才能放下思想包袱，大胆探索、勇于创新。教师要以平等、友善的态度对待学生，鼓励其大胆质疑、畅所欲言。对学生提出的问题和见解，教师要给予积极回应和点评，而不是轻易地否定或批评。在这样的氛围中，学生能够体验到被尊重、被接纳的快乐，从而更加投入地开展自主学习，不断提升自我。

(二)学习策略的运用

学习策略的有效运用是学生学习能力形成和发展的关键，它既是学生自主学习、主动学习的重要工具，也是教师提升教学质量、优化教学过程的有力抓手。在英语学科教学中，教师应致力于引导学生掌握科学有效的学习策略，使学生逐步成长为具有较强自主学习能力的人。

1. 加强学习策略教学，帮助学生掌握多样化的学习策略

认知策略、元认知策略、情感策略等都是英语学习中不可或缺的重要策略。教师应在教学中有意识地渗透这些策略，并通过示范、引导等方式，使学生理解并掌握这些策略。例如，教师可以通过头脑风暴、思维导图等方式，引导学生利用认知策略对语篇进行深入分析和加工，从而使学生达到深度理解文章意义的目的。又如，教师可以通过课堂观察、访谈等方式，了解学生的情感状态和需求，运用恰

当的情感策略营造轻松愉悦的课堂氛围，提高学生的学习兴趣。

2.重视学习策略的迁移运用，引导学生将学习策略拓展到英语学习的各方面

学习策略的价值不仅体现在对某个具体语言知识或技能的掌握上，更体现在对学生整体学习能力的提升上。因此，教师不仅要指导学生在课堂学习中运用学习策略，还要鼓励其在课外阅读、写作、听力等实践中灵活运用，使学习策略真正成为学生学习和发展的有力工具。

3.注重学习策略教学的层次性和递进性，设计出循序渐进、由浅入深的策略训练活动

学生的认知发展是一个渐进的过程，不同年龄阶段的学生在认知能力、元认知水平等方面存在差异。因此，教师要全面考虑学生的现有认知水平，有针对性地开展学习策略教学。对于低年级学生，教师可以侧重指导其掌握一些浅显易行的学习策略，如词汇记忆策略、朗读策略等。随着年级的递增和语言能力的提高，教师可以引导学生掌握更加复杂和高级的学习策略，如阅读理解策略、写作策略等。

四、合作与交流能力的内涵与要求

(一)团队协作精神

团队协作是合作与交流能力的重要体现，也是英语学科核心素养的重要组成部分。在英语教学中，教师应该充分认识到团队协作的重要性，并积极引导学生培养团队协作精神。

1.提高学生的语言运用能力

在小组合作学习中，学生需要通过听、说、读、写等方式与他人交流，清晰地表达自己的观点并耐心倾听他人的意见。这一过程不仅能够锻炼学生的语言技能，更能培养其在真实语境中运用英语的能力。通过小组讨论、角色扮演等形式，学生能够在合作中学习语言知识，在实践中提高语言运用水平。

2.有利于学生综合素质的提高

在团队合作中，学生要学会尊重他人，包容差异，平等对待每一个成员。这有

助于培养学生的人际交往能力和民主意识。同时，在完成小组任务的过程中，学生还需要发挥创造力，提出新颖的想法，解决实际遇到的问题。这不仅能够激发学生的创新潜能，更能培养其批判性思维和解决问题的能力。

3. 增强学生的责任感和归属感

在小组合作学习中，每个成员都肩负着特定的角色和任务。学生需要为自己的行为负责，为小组的成功作出贡献。这一过程能够让学生真切地感受到集体的力量，体会到个人与团队的紧密联系。学生在合作中建立起的归属感，将成为其努力学习、积极进取的内在动力。

4. 教师的引导和支持

教师应该为学生创设合作学习的机会，设计富有挑战性的小组任务。在小组活动中，教师要充分发挥引导者和协调者的作用，鼓励学生积极参与，表达观点并倾听他人的意见。同时，教师还应该客观评价小组成员的表现，肯定优点，指出不足，帮助学生在合作中不断进步。

(二)有效沟通的技巧

有效沟通的技巧对于英语学科核心素养中合作与交流能力的培养至关重要。在英语教学中，教师应着力引导学生掌握科学的沟通方法，提高语言表达的准确性、得体性和有效性。这不仅是学生未来职业发展的需要，更是其全面成长和终身学习的基础。

从语言知识的角度来看，有效沟通要求学生具备扎实的语音、词汇、语法等基本功。只有准确地发音，恰当地遣词造句，才能保证信息传递的顺畅。因此，教师应在教学中注重基础知识的巩固和提高，通过朗读、听写、语法练习等多种形式，帮助学生夯实语言根基。同时，教师还应拓展学生的词汇量，引导其运用同义词、反义词、近义词等来增强语言表达的丰富性和多样性。

从语用策略的角度来看，有效沟通强调话语的得体性和对情景的把控能力。在跨文化交际中，学生不仅要了解目的语国家的文化习俗，更要学会根据具体场合选择合适的表达方式。例如，在正式场合要使用相对正式的语体，注意措辞的严谨性和礼貌性；而在日常生活中则可以运用更加口语化的表达，增强亲和力。对此，教师可以通过设置多种多样的交际情境，如角色扮演、情景对话等，训练学生的语用能力，提高其语言运用的灵活性。

从思维品质的角度来看，有效沟通离不开批判性思维和创新思维的支撑。在信息爆炸的时代，学生接收到的信息良莠不齐，如何甄别真伪，如何发现问题，如何提出自己的见解，都需要敏锐的洞察力和独立思考的能力。因此，教师应着力培养学生的逻辑思辨能力，引导其学会提问、质疑、论证，敢于挑战权威，勇于表达观点。与此同时，创新思维也是有效沟通不可或缺的要素。在交流中，学生要学会从多角度、多层面分析问题，跳出思维定式，提出新颖独到的见解。这就要求教师在教学中为学生提供自主探究、开放交流的空间，鼓励其大胆假设，积极尝试。

(三)领导力的培养

领导力的培养是英语学科核心素养中合作与交流能力的重要组成部分。在英语教学中，教师应该重视学生领导力的培养，为其提供锻炼和展示自我的机会，使其成为具有国际视野和领导才能的复合型人才。

领导力不仅仅是一种天赋，更是一种可以通过学习和实践获得的能力。在英语课堂上，教师可以通过小组合作、角色扮演、主题演讲等多种形式，为学生创设领导力培养的情境。例如，在小组合作学习中，教师可以为每个小组设置一个组长，由其负责组织和协调小组成员的活动，这既能锻炼组长的领导能力，也能培养组员的团队意识和协作精神。在角色扮演活动中，教师可以为学生设计一些涉及领导与被领导关系的场景，如企业面试、商务谈判等，让学生在扮演领导者角色的过程中，学会如何有效地表达自己的观点、协调不同意见、作出决策和解决问题。在主题演讲环节，教师可以鼓励学生就自己感兴趣的话题进行演讲，锻炼其口语表达和思辨能力，同时也能提升其自信心和领导魅力。

领导力的培养需要学生在实践中不断反思和提升，教师应该为学生提供多样化的实践平台，如组织英语辩论赛、英语话剧表演、英语主持人大赛等，让学生在实战中锻炼领导力。同时，教师还应该对学生的表现进行及时反馈和指导，帮助其发现自身的优势和不足，并制订改进计划。只有在实践中不断反思和提高，学生的领导力才能得到真正的提高。

第三节 英语学科核心素养的特点

一、英语学科核心素养的整体性特点

(一)语言能力与文化意识的融合

语言是文化的载体,而文化又深刻影响着语言的发展和应用。在英语学习过程中,学生不仅要掌握语言知识和技能,更要深入理解英语国家的文化背景、思维方式和价值观念。只有语言能力和文化意识相互融合,才能真正实现跨文化交际,达到英语学习的根本目的。

从知识层面来看,语言能力与文化意识的融合要求学生系统掌握英语语音、词汇、语法等语言知识,熟悉英语国家的历史、地理、政治、经济、教育等文化背景知识。通过学习语言知识,学生能够准确理解和运用英语,进而表达自己的思想感情;通过了解文化背景知识,学生能够深入洞察英语国家人民的生活方式、思维习惯和价值取向,增强文化敏感性和包容性。这两方面知识的融合,有助于学生建立起完整的英语知识体系,奠定坚实的语言文化基础。

从能力层面来看,语言能力与文化意识的融合要求学生在语言实践中体验文化,在文化理解中提升语言能力。学生要能运用英语进行听、说、读、写、译等语言实践活动,在实践中感知英语国家的文化特点;同时,要能通过比较分析、批判性思考等方式加深对英语文化的理解,在理解中提高语言运用的得体性和有效性。这种双向互动的学习过程,能够促进学生语言能力和文化意识的共同提高,提高其在跨文化语境中的沟通交流能力。

从情感态度与价值观层面来看,语言能力与文化意识的融合要求学生在学习过程中形成积极向上的情感体验和价值认同。通过欣赏英语国家的文学作品、艺术形式,学生能够感受英语之美、人文之美,激发学习英语的兴趣和热情;通过了解不同文化的独特魅力,学生能够树立文化平等观,尊重文化的多样性,增强文化自信。情感态度的培养,是语言能力和文化意识融合的内在驱动力,对于学生形成正确的世界观、人生观和价值观具有重要意义。

(二)思维品质与学习能力的统一

思维品质与学习能力是英语学科核心素养中相辅相成、密不可分的两个重要维度。高质量的思维活动是学生深入理解、灵活运用英语知识的前提，而学习能力的提升则为思维品质的发展提供了持续动力。在英语教学中，教师应充分认识到思维品质与学习能力的内在统一，采取有效措施加以培养。

思维品质是学生利用英语知识进行理性思考、批判性分析、创造性表达的综合素养的体现。具备良好的思维品质，学生能够运用比较、归纳、演绎等逻辑思维方法，深入分析语篇结构、主旨思想，把握词句之间的内在联系；能够基于已有知识和经验，提出独到见解，表达个人观点；能够突破思维定式，从多元视角审视问题，提出创新性的解决方案。可以说，思维品质是学生学习英语、运用英语的内在驱动力，直接影响着学习效果。

学习能力则是学生主动探究英语知识、建构知识体系的关键能力。学习能力强的学生，能够根据学习目标制订计划，选择恰当的学习策略；能够利用各种学习资源，拓宽知识视野；能够通过自我监控和反思，及时调整学习方法。学习能力的提高，不仅使学生掌握了更为丰富的英语知识，更重要的是内化了一套适合自身、行之有效的学习方法，从而形成了可迁移、可持续的语言学习能力。

思维品质与学习能力相互依存、相互促进。一方面，思维品质的提升有赖于学习能力的支撑。通过自主学习、探究学习，学生不断积累语言材料，拓展知识架构，为思维活动提供充足的养料。另一方面，学习能力的发展离不开思维品质的引领。批判性思维、创新性思维等高阶思维方式，能够引导学生突破表层学习，对知识进行深度加工，进而内化为自身的认知能力。

鉴于思维品质与学习能力的重要性，英语教学应将两者的培养贯穿始终。在课堂教学中，教师可以设置开放性问题，鼓励学生发表见解，引导其进行深入思考和探究；布置富有挑战性的任务，促使学生运用所学知识分析问题、解决问题。此外，教师还应注重学习策略的指导，帮助学生掌握自主学习的方法，提高学习效率。

（三）核心素养各要素的相互渗透

英语学科的核心素养并非割裂和孤立的，而是一个有机统一的整体。语言能力、文化意识、思维品质等核心素养要素相互渗透、相互影响，共同构成了英语学科的核心素养体系。只有深刻理解这种内在联系，才能在教学实践中有的放矢地培养学生的英语综合素质。

从语言学习的本质来看，语言能力与文化意识是紧密相连的。语言是文化的载体，蕴含着丰富的文化内涵。学习语言不仅要掌握语音、词汇、语法等语言要素，更要了解语言所承载的文化背景和价值观念。只有将两者有机结合，才能真正达到语言学习的目的——跨文化交际。因此，在英语教学中，教师应该引导学生在学习语言知识的同时，主动探究英语国家的历史、地理、风俗习惯等文化知识，提高文化意识，实现语言能力与文化素养的共同提升。

语言学习是一个思维训练的过程，学生在学习语音、词汇、语法等语言知识时，需要运用比较、归纳、演绎等逻辑思维方法，在语篇阅读和写作中，需要综合运用分析、评价、创新等批判性和创造性思维。可以说，语言学习为思维品质的培养提供了天然的土壤。反过来，思维品质的提高又能促进语言运用能力的发展。教师应该在教学中设计富有挑战性的语言任务，鼓励学生探索多种解决问题的思路和方法，在解决问题的过程中提升思维能力。

二、英语学科核心素养的发展性特点

（一）语言能力的递进性发展

语言能力的形成和发展是一个连续性、阶段性、渐进性的过程。在英语学习中，语言能力的递进性发展尤为关键。学生的英语语言能力并非一蹴而就，而是在不断地学习和实践中逐步提升的。这种递进性发展表现在语音、词汇、语法、语用等多个方面。

在语音层面，学生最初接触英语时，往往难以准确发音，容易受到母语的干扰。但通过反复练习和模仿，他们逐渐能够掌握英语语音的发音规律，实现从音素到音节，再到语流的递进式学习。这一过程不仅涉及个别音素的习得，更强调语音在实际语境中的运用能力。学生需要在大量的听说实践中，逐步强化语音意识，提高语音的准确性和流利度。

在词汇学习层面，英语词汇量的扩充是一个循序渐进的过程，学生通常从高频词汇入手，随着学习的深入，低频词汇和专业词汇逐渐被纳入学习范畴。但词汇学习并非简单的量的累积，更关键的是理解词汇的语义、用法，并能在实际语境中灵活运用。因此，教师应引导学生在语境中感知词汇的用法，通过阅读、写作等实践活动，加深对词汇的理解和记忆，实现词汇量的螺旋式上升。

在语法能力层面，对初学者而言，掌握基本的语法规则，如句子成分、时态语态等，是学习的重点。而在更高阶段，学生需要掌握语法和语义、语用的关联，了解语法在交际中的实际运用。这就要求教学不仅要关注语法形式，更要重视对语法意义的理解和语法知识的运用。教师可设计真实的语境，引导学生在具体语境中分析语法现象，提高语法意识，实现语法能力的内化。

语用能力是语言能力的高级表现，其发展更是一个长期积累的过程。学生需要在丰富的语言实践中，逐步掌握语篇组织、交际策略、文化差异等语用知识，提高其在真实语境中运用语言的能力。这就要求教师在教学中提供多样化的语言实践机会，如角色扮演、情景模拟等，让学生在互动交流中体验语言的实际运用，强化语用意识。同时，教师还应加强文化背景知识的导入，帮助学生理解文化差异对语言使用的影响。

（二）文化意识的逐步提升

在英语学习过程中，文化意识的培养是一个循序渐进、逐步提升的过程。从认知层面来看，初学者首先需要了解英语国家的基本国情，如地理位置、人文景观、风土人情等，这是文化学习的起点。随着语言知识的积累和语言技能的提高，学生应进一步探究英语国家的历史渊源、价值观念、思维方式等深层次文化内涵。只有透过语言表象，洞察文化精髓，才能真正理解英语的语言特点和表达方式，提高跨文化交际能力。

从情感态度层面来看，文化意识的培养还要着眼于学生跨文化交际能力的提升。在这一过程中，学生不仅要学会欣赏和接纳英语国家的文化，更要坚守本民族文化自信，在比较与借鉴中实现文化互鉴。教师应引导学生以包容开放的心态看待不同文化之间的差异，摒弃简单化的评判和刻板印象，在平等对话中增进跨文化理解。同时，教师还要帮助学生厘清母语文化与外语文化的异同，培养其民族文化认同感和自豪感，增强文化自信。唯有如此，学生才能在跨文化交流中展现自己的文化个性，传播中华优秀传统文化。

从实践应用层面来看，文化意识的提高还应注重学生在真实语境中运用语言的能力。教师要充分利用多媒体资源，为学生创设贴近真实的语言情境，如观看英语电影、阅读英文原著、参与英语角色扮演等，引导学生在沉浸式体验中感悟文化差异，学会用英语思维表达中国理念。此外，教师还可以开展丰富多彩的文化实践活动，如组织学生参观外国展览、与外教面对面交流、参与国际友好城市互访等，拓宽学生的文化视野，提高其国际理解力和全球胜任力。

（三）思维品质的不断深化

思维品质是英语学科核心素养的重要组成部分，随着学生英语学习的不断深入，其思维品质也在不断深化和提升。在英语学习过程中，学生不仅要掌握语言知识和技能，更要培养良好的思维习惯和思维方式。这不仅有助于学生更好地理解和运用英语，也为其未来的学习和发展奠定了坚实的基础。

从低阶思维到高阶思维，是学生英语思维品质不断深化的重要表现。在英语学习的初始阶段，学生的思维主要表现为记忆、理解等低阶思维。他们通过记忆单词、语法规则来理解课文内容，逐步积累语言知识。随着学习的不断深入，学生开始运用分析、综合、评价等高阶思维，深入探究语篇的内在逻辑，理解作者的观点和态度，并形成自己的见解。这一过程不仅提高了学生的语言理解和表达能力，也锻炼了其逻辑思辨、批判性思维等关键能力。

从局部思维到整体思维，是学生英语思维品质不断深化的另一重要方面。初学英语时，学生往往将注意力集中在词汇、语法等语言要素上，容易忽视语篇的整体意义。而随着英语视野的拓宽，学生开始关注语篇的主题、结构、文体等宏观因素，从整体上把握文章的内涵和意义。这种从局部到整体、从表层到深层的思维方式转变，使学生能够更全面、更深入地理解英语，提高了其语言运用能力。

从常规思维到创新思维，是学生英语思维品质不断深化的必然要求。在英语学习中，学生不仅要掌握语言的规律和惯例，更要在此基础上进行创造性的思考和运用。通过开展主题探究、项目学习等活动，教师可以培养学生运用发散思维、创新思维的习惯。鼓励学生打破常规，从多角度、多层面来分析问题，并提出新颖独特的见解。这不仅能够激发学生的创造力和想象力，也为其终身学习和可持续发展提供了重要保障。

三、英语学科核心素养的实践性特点

（一）语言运用能力的实践导向

语言运用能力是英语学科核心素养的重要体现，它强调学生在实践中学习和运用语言的能力。这一能力不仅包括听、说、读、写等语言技能，更涵盖了在真实语境中运用语言进行交际和思维的综合能力。在英语教学中，教师应立足语言运用的实践导向，创设丰富多样的语言实践活动，引导学生在“用中学”、在“学中用”，不断提升语言运用能力。

具体而言，教师可以通过情境教学、任务型教学等方式，为学生提供接近真实的语言运用环境。在这些环境中，学生需要运用已学语言知识，通过听、说、读、写等方式完成交际任务，解决现实中遇到的问题。例如，教师可以设计主题对话、角色扮演、小组讨论等口语交际活动，引导学生在对话互动中学习语言、运用语言；又如，教师可以创设写作情境，引导学生根据特定目的、对象和场合进行写作，在表达和交流中提高语言运用能力。在这些活动中，学生不再是被动的知识接受者，而是语言运用的主体，他们在实践体验中感悟语言的魅力，在交际互动中提升语言的综合运用能力。

（二）问题解决能力的实践锻炼

问题解决能力是英语学科核心素养的重要组成部分，对于提高学生的语言运用能力和跨文化交际能力具有重要意义。在英语教学中，教师应着力创设丰富多样的实践情境，为学生提供运用所学知识解决现实问题的机会，从而帮助其内化语言知识，提升语言运用能力。

在实践锻炼过程中，学生需要面对各种复杂的语言交际任务，如口头报告、小组讨论、角色扮演等。这些任务往往具有开放性和挑战性，没有现成的答案可以依循。学生必须根据具体情境，灵活运用词汇、语法、语用等方面的知识，思考解决问题的策略和方法。在这一过程中，学生的语言知识得到了实际应用和检验，问题解决能力得到了锻炼和提升。

此外，问题解决能力的实践锻炼能够丰富学生的情感体验，提升其跨文化交际意识。在解决问题的过程中，学生肯定会接触到与母语文化不同的价值观念、思维方式和行为习惯。如何在尊重差异的基础上达成有效沟通，是跨文化交际能力培养的重要内容。通过亲身实践和体验，学生能够更加深刻地认识到文化差异的存在，从而学会换位思考，树立平等、包容的交际意识。

第二章　中小学英语教师教学能力的构成要素

第一节　英语学科知识素养

一、英语语言学知识

(一)语音和语音学

语音和语音学是英语教师教学能力的重要组成部分,对于提高英语教学质量、培养学生语言运用能力具有重要意义。语音是语言的物质外壳,是语言得以实现的基础。英语作为一门语音语调变化丰富的语言,语音的准确性和地道性直接影响语言表达的效果。因此,英语教师必须具备扎实的语音和语音学知识,才能在教学中准确示范,帮助学生掌握标准语音,培养语感,提高语言交际能力。

从语音知识的角度来看,英语教师需要系统掌握英语语音的发音部位、发音方法、音素、音节、连读、弱读、重音、语调等基本概念和规律。只有在头脑中建立起清晰、准确的语音知识框架,才能在教学中做到心中有数,有的放矢。同时,教师还应该通过大量的朗读训练和模仿练习,不断提高自身的语音表达能力,为学生树立良好的发音示范。教师准确、标准、富有表现力的语音示范,能够直观地向学生展示英语语音的特点,激发其学习兴趣,培养其正确的发音习惯。

从语音学知识的角度来看,英语教师还需要了解语音学的基本原理和研究方法。语音学是一门研究语音性质、结构、功能的科学,涉及声学、生理学、心理学等多个学科领域。通过对语音学的学习,教师能够深入认识语音的物理属性、发音过程、感知机制等,从更高的理论层面来把握语音教学规律。例如,教师可以运用语音学知识分析学生在语音学习过程中遇到的困难,找出发音偏误的原因,有针对性地进行纠正和训练。又如,教师可以借助语音软件和仪器,直观地向学生展示语音的声学特征,加深学生对语音的感性认识。

(二)语法和句法学

语法和句法学是英语语言学研究的重要组成部分,对于中小学英语教师来说，掌握扎实的语法和句法知识至关重要。语法知识是英语学习的基石，它涉及词法、句法、语义等多个层面，构成了英语这一语言体系的骨架。中小学英语教师只有深入理解英语语法的内在规律和运作机制，才能在教学中准确、清晰地向学生阐释语言现象，帮助其构建起完整、系统的英语知识体系。

词法知识是语法学习的基础，英语单词的词性、词形变化以及构词法等都是词法研究的重点内容。中小学英语教师应该系统掌握这些知识，在教学中引导学生观察词语的形态特征，理解词语的语法功能，进而培养学生的语言分析能力。例如，在教授动词时态和语态时，教师可以通过对比不同形式的句子，引导学生归纳动词变化的规律，深化其对语法规则的理解和运用。

句法知识是语法研究的核心内容，主要探讨句子的内部结构及其构成规则。扎实的句法知识能够帮助教师深入剖析英语句子的层次结构，揭示不同句型、从句之间的逻辑关系，使学生理解复杂语言现象背后的成因。同时，教师还应该注重培养学生的语块意识，引导其掌握英语中的固定搭配和习语表达，提高语言的地道性和准确性。例如，在讲解定语从句时，教师可以通过分析从句在主句中的语法功能，帮助学生理解从句与主句之间的修饰与被修饰关系，进而能够精准运用从句。

中小学英语教师只有不断学习语法知识，深入研究语法教学的规律和方法，才能在教学实践中游刃有余地运用语法理论，提升教学效果。这就要求教师加强语言学理论的学习，关注语法研究的前沿动态，力求以科学的语言观指导教学实践。同时，教师还应该重视对语法教学的策略研究，探索启发式、任务型等多元化的教学模式，激发学生学习语法的兴趣，提高语法教学的针对性和实效性。

(三)语义学和语用学

语义学和语用学是语言学研究中不可或缺的重要分支，对于深入理解语言的意义和运用具有重要意义。语义学关注语言单位的意义，探讨词语、短语乃至句子在特定语言体系中所传达的概念内涵。它揭示了语言符号与其所指对象之间的关系，阐明了语义范畴、语义场、语义特征等基本概念，为把握语言意义奠定了理论基础。而语用学则着眼于语言在具体交际情境中的运用，研究语言使用者如何根据语境、交际目的、社会文化背景等因素恰当地运用语言，达成有效交流。它涵盖了言语行为、会话含义、语用推理等诸多议题，揭示了语言运用的规律。

对中小学英语教师而言，掌握语义学和语用学的相关知识和研究方法至关重要。

首先，语义学能够帮助教师准确把握英语词汇、句式的意义，揭示语言结构背后的认知机制，提高教学的科学性和针对性。英语词汇量大，词义丰富多样，如果教师对词汇语义缺乏全面、系统的认识，就难以准确阐释词语内涵，更无法引导学生领会词语在不同语境中的细微差别，进而影响学生词汇学习的质量和英语运用能力的提高。同时，语义学视角下的对比分析，如词汇复现、同义词辨析、词义引申等，也为教师合理设计词汇教学活动提供了理论支撑和操作路径。

其次，语用学视角能够引导教师关注英语的实际运用，突破“死记硬背”式的语言教学模式。传统的中小学英语教学往往过于强调语法规则和词汇记忆，忽视了语言的交际功能和语境依赖性。学生虽然掌握了大量语言知识，却不懂得如何根据具体情境灵活、得体地运用，导致“哑巴英语”现象频现。而语用学恰恰为解决这一问题提供了理论视角和实践路径。通过言语行为理论，教师可以引导学生关注不同交际情境下语言的恰当运用，根据交际目的选择合适的言语策略。通过会话含义理论，教师可以提高学生对语言隐含意义的敏感性，帮助其在对话中把握言外之意，推理对方的真实意图。所以，教师要在课堂教学中融入更多体现英语实际运用的活动，如情景对话、角色扮演等，提高学生的语用能力。

再次，语义学和语用学还能帮助教师深入理解教材内容，优化教学设计。英语教材往往蕴含丰富的语义信息和语用策略，如果教师能敏锐地识别这些要素，并有意识地引导学生对语篇进行语义和语用分析，就能最大限度地挖掘教材的语言学习价值。例如，通过分析特定语篇的语义衔接和语用连贯，学生能深刻领会英语语篇的组织策略，掌握语段、语篇的构建方法。通过揣摩语篇的语用意图和针对性，学生能体会到英语写作和口语表达的得体性原则。由此，在教材使用和课堂组织上，教师能做到心中有数，环环相扣，使英语教学更具系统性和连贯性。

最后，语义学和语用学研究能为教师专业发展提供新视角、新方法。当前，跨文化交际能力已经成为中小学英语教学的重要目标。而要想真正培养学生的跨文化交际能力，教师自身必须具备扎实的语义学和语用学功底。通过对不同语言文化的语义对比和语用分析，教师能深入认识英语和母语在词汇语义、话语策略等方面的差异，提高自身跨文化敏感性，并将其融入教学实践。例如，通过英汉称谓语的语用对比，教师可以引导学生体会不同社会文化中称谓语的语用环境和交际功能，提高学生在跨文化交际中运用称谓语的得体性。

二、英美文学与文化知识

(一)英美文学流派与代表作

英美文学是世界文学宝库中璀璨夺目的明珠,其悠久的历史、多元的表现形式、深邃的思想内涵,为世人所瞩目和钦佩。综观英美文学的发展历程,从中世纪的英雄史诗到文艺复兴时期的人文主义文学,从 18 世纪的古典主义到 19 世纪的浪漫主义和现实主义,再到 20 世纪的现代主义和后现代主义,每一个时期都涌现出蜚声世界的文学大家和脍炙人口的不朽名著。这些流派和代表作品折射出不同历史时期的时代精神和人文风貌,塑造了众多栩栩如生、个性鲜明的经典形象,表达了作家对人生、社会、哲学等重大命题的思考,吸引和感染着一代又一代的读者。

探究英美文学流派和代表作的意义,不仅在于了解、欣赏其艺术魅力,更在于从不同的文化视角体认人类共同的精神家园。透过作品去感悟作家的心路历程和价值追求,我们能够思考自身与社会、个人与他人、人与自然的关系,实现情感的净化和心灵的升华。同时,研读英美文学名著,还能促进中西文化的交流与碰撞。比较不同国家、民族的文学发展脉络和独特风貌,有助于我们跳出自身文化的局限,以更加开放、包容的心态去理解异域文明,架设不同文化之间沟通、对话的桥梁。

具体到教学实践中,教师在讲授英美文学流派和代表作时,应注重培养学生的文学鉴赏力、批判性思维和跨文化交际能力。一方面,教师要引导学生细读名著,感受作品的语言之美和艺术神韵,领悟蕴含其中的哲理内涵和人文情怀。另一方面,教师要鼓励学生结合作品反思现实问题,提出自己的观点和看法,在与他人讨论、交流的过程中,学会倾听、表达、论证、质疑。此外,教师还应善于利用中西文学的异同点,引导学生对二者进行比较分析,增强学生的文化自觉和文化自信。通过对英美文学经典的研读,学生不仅能从中汲取智慧和营养,陶冶性情、启迪心智,更能拓宽国际视野,提升人文素养。

(二)文学作品教学策略

在英语教学中,文学作品占据着重要地位。它不仅是语言学习的载体,更是文化传承和思想启迪的重要媒介。如何在教学中有效利用文学作品,充分发挥其独特价值，是每一位英语教师必须思考和探索的问题。

文学作品蕴含着丰富的语言材料，是培养学生语感和语言运用能力的宝贵资源。优秀的文学作品往往语言生动优美、表达方式多样，为学生提供了真实、地道的语言样本。教师可以引导学生深入分析作品中的词汇、句式和修辞手法，体会语言的魅力，积累有效的表达方式。同时，文学作品也为学生创造了运用语言的情境，使其在具体的语境中感悟语言的实际运用，提高语言的交际能力。例如，教师可以组织学生对作品中的经典对白进行角色扮演，或者引导学生模仿作品的写作风格进行创作，让学生在实践中体验和运用语言。

文学作品更是一个民族历史、文化和价值观的缩影，蕴含着深厚的人文内涵。通过阅读和欣赏英美文学作品，学生能够了解英语国家的风土人情、历史变迁和文化传统，拓宽国际视野，增强跨文化理解和交流能力。教师应注重挖掘作品的文化内涵，引导学生比较中西方文化的异同，反思文化差异背后的深层原因。例如，教师可以选取体现英美文化特色的作品，如莎士比亚的戏剧、狄更斯的小说等，带领学生探讨作品所反映的时代背景和社会问题，分析人物的价值观念和行为动机，引发学生对文化差异和人性问题的思考。

文学作品也是培养学生人文素养和思辨能力的重要途径，优秀的文学作品往往思想深刻、意蕴丰富，能够引发学生的情感共鸣和思想碰撞。教师应鼓励学生对此进行多元解读和批判性思考，并积极发表自己的见解。通过对作品的分析和讨论，学生能够提高审美能力和鉴赏水平，锻炼逻辑思维和批判性思维能力，形成独立的人格和价值观。例如，教师可以组织学生对作品中的人物形象、主题思想进行辩论，引导学生从不同角度分析问题，学会用理性的方式表达自己的观点。

三、英语教学法与教学理论知识

（一）主流教学法与理论基础

教学法和理论是英语教学的重要基础，对于提升中小学英语教师的教学能力具有重要意义。随着英语教学改革的不断深入，传统的以语法—翻译法为主的教学模式已经难以满足新时代英语教育的需求。中小学英语教师必须深入了解主流教学法的理论基础和实践，不断更新教学理念，创新教学方法，才能真正实现英语教学目标，提高学生的英语应用能力和综合素养。

在诸多主流英语教学法中，交际教学法、任务教学法、合作学习等以学生为中心的教学模式备受关注。这些教学法强调在真实语境中学习语言，注重培养学生运用英语进行交际的能力。教师应根据教学内容和学生特点，灵活选择适宜的教学法，设计富有情境化、交际性和任务性的教学活动，激发学生对英语学习的兴趣和动机。例如，在教授日常对话时，教师可以创设角色扮演的情境，让学生分组练习、展示对话，在互动中强化语言的输入和输出；在阅读教学中，教师可以引导学生以小组为单位，围绕阅读材料开展讨论、提问、总结等活动，在合作学习中提升语言理解和表达能力。

在运用各种教学法指导实践的同时，中小学英语教师需要深入把握其背后的理论基础。行为主义、认知主义、人本主义等主要流派的语言习得理论对英语教学具有重要的指导意义。教师应系统学习这些理论知识，领会其核心内涵，并将其与教学实践相结合。例如，行为主义理论强调刺激与反应、强化与巩固在语言习得中的重要作用，启示教师要重视课堂练习和反复操练，并给予及时反馈和纠正；认知主义理论关注学习者的认知加工过程，提示教师要注重发展学生的元认知能力，引导其主动监控和调节自己的学习；人本主义理论则强调学习者的情感体验和个性发展，要求教师营造宽松、愉悦的课堂氛围，尊重学生的个体差异，满足其情感需求。只有在扎实的理论基础上不断反思和优化教学实践，英语教师才能真正成为教学的行家里手。

中小学英语教师还应紧跟英语教育理论与实践的最新发展动向，借鉴国内外的先进经验。学习型社会的到来，对英语教师提出了终身学习和持续发展的要求。教师要主动关注英语教学的前沿动态，通过参加培训、研修等方式，不断更新专业知识和拓宽教学视野。同时，教师还要加强同伴互助和专业交流，与志同道合者分享教学心得，共同探讨教学难题。只有不断充实和完善自身的知识能力体系，中小学英语教师才能应对教育变革带来的新挑战，推动英语教学迈上新的台阶。

（二）教学设计与课堂组织

教学设计和课堂组织是英语教师教学能力的重要组成部分，对于提高英语教学质量、培养学生英语学科核心素养具有至关重要的作用。在新课程标准的指引下，英语教学已经从传统的以教师为中心、以知识传授为主的教学模式转向以学生为中心、以能力培养为主的教学模式。这就要求教师在教学设计和课堂组织中，立足学生实际，遵循语言学习规律，创设真实语境，激发学生的学习兴趣，引导学生主动参与、积极思考、勇于实践，促进语言知识内化为语言运用能力。

1. 有效的教学设计是高质量英语课堂的前提和基础

教师应根据教学目标、教学内容、学生特点等因素，精心设计教学环节，合理安排教学时间，选择恰当的教学策略和方法。例如，在阅读教学中，教师可以采用预测策略、略读策略、精读策略等，引导学生通过主动阅读思考建构意义；在写作教学中，教师可以提供真实的写作情境和任务，鼓励学生进行创造性表达；在语法教学中，教师可以创设问题情境，引导学生通过归纳、类比等方式探索语法规律。总之，优秀的教学设计能够为学生创造丰富、有趣、充满挑战的语言学习机会，激发他们运用语言的内在动机。

2. 高效的课堂组织是实现教学目标、保证教学质量的关键

教师应成为课堂的组织者、引导者和合作者，为学生营造民主、平等、和谐的课堂氛围。一方面，教师要科学设置教学环节，把握教学节奏，提供适度的语言输入和练习机会，引导学生在语言实践中体验语言、内化语言；另一方面，教师要灵活运用多种教学组织形式，如小组合作学习、任务型教学、项目式学习等，最大限度地调动学生学习的主动性和参与性。同时，教师还应重视对课堂提问的设计与组织，抛出开放性、探索性的问题，鼓励学生畅所欲言、各抒己见，在平等交流和思维碰撞中加深对语言知识的理解，提升语言运用能力。

（三）教学评估与反馈

教学评估与反馈是英语教学中至关重要的环节，它直接影响着教学目标的实现和教学质量的提升。在核心素养视域下，英语教师不仅要重视对学生语言知识和技能的评估，更要注重对学生思维品质、文化意识等综合素养的考查。这就要求教师在评估设计中体现全面性、发展性和多元性的原则，采用多种评估方式，给予学生及时、有效的反馈，以促进其英语学科素养的全面提升。

在教学评估设计中，教师应着眼于英语学科核心素养的培养，制定科学、合理的评估目标和内容。评估目标应覆盖语言知识、语言技能、文化意识、思维品质、学习能力等多个维度，突出学生综合运用语言的能力。评估内容则要紧密联系教学内容和学生实际，既考查学生对基础知识的掌握，又考查其分析问题、解决问题的能力。同时，评估设计还应体现差异性和针对性，根据学生的个体特点和发展需要，设置不同层次、不同类型的评估任务，以满足不同学生的发展要求。

在评估实施过程中，教师要灵活运用多种评估方式，综合考查学生的语言能

力和学科素养。传统的笔试评估固然必不可少，但教师还应重视采用口语测试、写作任务、项目学习、学习档案袋等形成性评估方式，全面、动态地评估学生的学习过程和发展状况。特别是要加强对学生实际语言运用能力的考查，设计真实的语境和任务，引导学生综合运用语言知识解决实际问题。评估过程中还要重视学生的自评与互评，培养其自主学习、自我管理的能力。

评估的关键在于反馈，教师要根据评估结果，为学生提供及时、有效的反馈。反馈应有针对性和可操作性，帮助学生查漏补缺，纠正错误，不断改进学习方法。反馈还应体现鼓励性和发展性，肯定学生的进步，激发其学习动机，引导其明确努力方向。在反馈方式上，教师既可以采用面对面的个别指导，也可以运用网络平台进行在线交流，还可以组织学生进行小组互评，互相启发，共同提高。

第二节　英语教学技能与教学艺术

一、语言教学技能的培养与提高

（一）语音教学技能的提升策略

语音教学是英语教学中最基础、最重要的环节之一。语音是语言的物质外壳，是语言得以表达和传递的基本载体。因此，扎实的语音基础是学生学好英语的前提和基础。然而，在实际教学中，许多教师对语音教学不够重视，教学方法单一，导致学生语音面貌不佳，直接影响了其听说能力。为了改变这一现状，教师必须创新教学理念，优化教学策略，切实提升自身语音教学技能。

1. 加强语音知识的系统讲解

英语语音包括语音、词汇、语法、语用等多个层面，各个层面相互关联、相互影响。教师要从语音学的角度，向学生阐释语音的发音部位、发音方法、语音的组合规律等，帮助学生建立起系统完整的语音知识体系。同时，教师还要引导学生掌握语音学习的基本方法，如音标标注、语音对比、发音练习等，为学生的语音学习奠定坚实基础。

2. 重视语音的示范与矫正

优质的语音示范是学生习得标准语音的前提。教师要用准确、清晰、富有表现力的语音为学生示范，为学生树立良好的发音榜样。在示范过程中，教师还要适时进行相关知识的讲解，如吐字归音的要领、连读失爆的规律、语音语调的变化等，帮助学生深入理解语音的特点。对于学生在语音学习中出现的问题，教师要及时予以诊断和矫正，针对学生的具体情况提供有针对性的指导，帮助学生排除语音障碍，提高语音的准确性和流畅性。

3.创设丰富多样的语音训练情境

语音学习绝非机械的模仿和重复，而是需要在实际语境中反复操练、灵活运用。教师要充分利用多媒体、网络等现代教育技术手段，为学生创设形式多样、内容丰富的语音训练情境。例如，教师可以利用英文歌曲、电影、动画等真实语料，引导学生在具体语境中感知和把握语音的特点；又如，教师可以组织英语角色扮演、情景对话、故事表演等互动活动，引导学生在交流互动中灵活运用所学语音知识，提高语音的实际运用能力。

4.重视学生语音学习的情感体验

良好的情感体验是学生语音学习的动力源泉。教师要营造轻松愉悦、积极向上的课堂氛围，激发学生学习语音的兴趣和热情。要鼓励学生大胆开口，包容学生学习中的语音失误，帮助学生建立学习语音的自信心。要开展形式多样的语音游戏与活动，如绕口令比赛、影子跟读等，在互动游戏中引导学生体验语音学习的乐趣，从而提升学习兴趣。

(二)语法教学技能的优化方法

语法教学是英语教学的重要组成部分，对于提高学生语言运用能力、培养语言思维方式具有不可替代的作用。随着新课程改革的深入推进，英语教学已不再局限于对语法知识的传授，而是更加注重学生语言交际能力的培养。在这一背景下，如何优化语法教学技能，创新教学方法，成为英语教师亟须解决的重要课题。

1.注重语法教学与语言运用的紧密结合

语法并非孤立存在的知识点，而是服务于语言交际的重要工具。因此，在教学过程中，教师不仅要讲清语法规则，更要引导学生学会运用语法知识进行有效表达和交流。教师可以设计一些开放性的语言任务，如主题演讲、小组讨论等，鼓励学生在真实语境中运用所学语法，提高语言运用的流畅性和准确性。同时，教师还应加强语法教学与听、说、读、写等语言技能训练的融合，帮助学生在综合语言运用中内化语法知识，提升语言综合素养。

2. 利用现代信息技术优化语法教学

随着多媒体、移动互联网等技术的快速发展，英语教师拥有了更加丰富多样的教学资源和手段。教师应积极利用信息技术，创设生动形象、互动性强的语法教学情境，激发学生的学习兴趣。例如，教师可以利用动画、视频等多媒体资源，直观展示语法结构的使用场景，加深学生的理解和记忆；又如，教师可以利用在线学习平台，为学生提供个性化的语法练习和反馈，实现因材施教、精准教学。信息技术的应用，不仅能够拓宽语法教学的时空边界，促进学生的自主学习，更能为教师提供海量的优质教学资源，助力其专业发展。

3. 建立科学合理的语法教学评价体系

传统的语法考试往往偏重对语法知识的死记硬背，难以真实反映学生的语言运用能力。为此，教师应改进评价方式，将形成性评价与终结性评价相结合，全面考查学生对语法知识的掌握和运用情况。例如，教师可以通过课堂观察、作业分析等方式，动态跟踪学生语法学习的进展和问题，及时给予指导和反馈；同时，教师还可以设计一些开放性的评价任务，如口语表达、写作等，考查学生在真实语境中运用语法的能力。唯有建立多元化的评价体系，才能更加准确地把握学生语法学习的实际水平，为优化教学提供可靠依据。

（三）词汇教学技能的创新路径

词汇教学是英语教学中至关重要的环节，它直接影响着学生的语言理解和运用能力。在新课标理念的指引下，英语教师必须革新传统的词汇教学模式，探索更加高效、科学的教学路径，充分调动学生学习的主动性和积极性，提高词汇教学的针对性和实效性。

1. 立足学生的认知特点和学习需求

不同年龄、不同水平的学生在词汇学习上存在着显著差异。低年级学生对词汇的感知更多来自直观的图像和情境，而高年级学生则具备了一定的逻辑思维能力，能够通过语法结构、语义关联等方式建构词汇网络。因此，教师要根据学生的认知发展水平，合理设计教学内容和方法，既要重视感官体验，又要注重理性分析，最大限度地匹配学生的学习特点。同时，教师还要关注学生的学习兴趣和情感体验，创设贴近学生生活实际、富有趣味性的教学情境，激发学生主动识记和运用词汇的热情。

2. 遵循语言学习的内在规律

词汇学习不是孤立的过程，而是与语音、语法、语篇等方面紧密相连的。单纯依靠机械记忆难以真正掌握词汇的用法，也无法提升语言运用能力。因此，教师要引导学生在语境中感知词汇的意义，加深对词汇的理解。如教师既可以创设丰富多样的语言交际情境，引导学生在实际运用中巩固和拓展词汇知识，也可以设计一些探究性的学习任务，鼓励学生利用词典、语料库等工具，自主分析词汇的搭配规律和使用特点。这些策略既有利于扩充学生的词汇量，也有助于提高学生运用词汇的能力。

二、教学设计技能的优化与创新

（一）教学目标设计的优化策略

教学目标既是教学活动的起点和归宿，也是教学的灵魂和方向标。科学、合理的教学目标设计是提高教学质量、实现教学改革的关键环节。在英语教学中，教学目标的设计应该符合学生的认知发展规律，体现英语学科的核心素养，契合时代发展的要求。只有这样，才能真正发挥教学目标的导向作用，促进学生英语学科核心素养的养成和发展。

从学生认知发展规律的角度来看，英语教学目标的设计应该遵循由易到难、由浅入深的原则。教师要全面了解学生的英语基础和学习特点，根据其认知发展水平确定恰当的教学目标。对于初学英语的学生，教学目标应该侧重于对语音、词汇、语法等基础知识的掌握，引导学生建立英语学习的自信心。随着学生英语能力的提高，教学目标应逐步向深度和广度拓展，加强对语篇理解、文化意识、思辨能力等高层次能力的培养。总之，英语教学目标的设定要与学生的认知发展水平相适应，既要保证目标的可达性，又要留有一定的挑战空间，最大限度地激发学生的学习潜力。

从英语学科核心素养的角度来看，英语教学目标的设计应该体现语言能力、文化意识、思维品质和学习能力四个方面的要求。

首先,英语教学目标要重视学生语言运用能力的培养,使其能够在真实语境中运用英语进行有效交流。

其次,英语教学目标要加强对学生文化意识的培养,帮助学生了解中西方文化之间的异同,形成包容、开放的跨文化交际意识和能力。

再次,英语教学目标要注重对学生思维品质的提高,训练其用英语进行逻辑思辨、创新思维的能力。

最后,英语教学目标还应重视对学生英语学习能力的培养,指导其掌握科学的学习方法,形成独立、自主的学习习惯。

总之,英语教学目标的设计要全面落实英语学科核心素养的要求,使学生在语言学习的过程中实现全面发展。

从时代发展要求的角度来看,英语教学目标的设计应紧跟时代步伐,体现信息技术与英语教学的深度融合。随着智能技术的迅猛发展,人工智能、虚拟现实等新技术正加速向教育领域渗透,引发了英语教学模式的深刻变革。在此背景下,英语教学目标的设计应主动顺应这一趋势,将信息技术运用能力作为重要目标予以强化。例如,英语教学目标可以包括利用在线英语学习平台开展自主学习的能力,运用多媒体软件进行英语口语和写作训练的能力,借助人工智能系统培养学生个性化学习的能力等。总之,英语教学目标要主动拥抱信息技术,培养学生应用信息技术进行英语学习的意识和能力,为其终身发展奠定基础。

(二)教学内容选择的创新方法

教学内容选择是实现教学目标、提高教学质量的关键环节。在英语教学中,科学、合理地选择教学内容,对于激发学生学习兴趣,提高语言运用能力具有重要意义。传统的英语教学内容选择往往以教材为中心,缺乏针对性和实用性。学生被动地接受知识,难以将所学知识运用到实际语言交际中。因此,英语教师必须突破传统思维定式,创新教学内容选择方法,使其更加贴近学生生活实际,满足学生个性化、多样化的学习需求。

1.从学生实际语言需求出发选择教学内容

教师应通过问卷调查、访谈等方式,深入了解学生的语言水平、兴趣爱好、职业规划等,据此确定教学内容的难度、广度和侧重点。例如,对于职业院校的学生,教师可以选择与其专业相关的英语材料,如护理英语、商务英语等,帮助学生掌握行业所需的语言技能。而对于高中阶段的学生,教师则可以选择与高考题型相关的内容，强化学生的应试能力。总之，教学内容选择要以学生为本，切合学生实际需求，才能真正调动其学习积极性，提高课堂教学质量。

2.将语言知识与文化背景相结合

语言是文化的载体，脱离了文化语境，语言就失去了生命力。传统的英语教学往往重视语法、词汇等显性知识的传授，而忽视了隐性文化内涵的渗透。这不仅影响了学生对英语的理解和运用，也不利于对其跨文化交际能力的培养。因此，教师在选择教学内容时，应注重语言和文化的融合。一方面，要选取能够反映英语国家文化特色的素材，如文学作品、报纸、杂志、影视资源等，帮助学生了解异国风土人情，拓宽文化视野。另一方面，要引导学生比较中西方文化之间的异同，提高文化敏感性和包容性。唯有如此，学生才能真正掌握英语这一交流工具，成为具有全球竞争力的复合型人才。

三、教学艺术风格的形成与塑造

（一）个人教学风格的形成过程

教师的个人教学风格是在长期的教学实践中逐渐形成和发展起来的，它既体现了教师的个性特征，又反映了教师对教育教学规律的把握和理解。教学风格的形成是一个复杂而动态的过程，受教师自身素质、学生特点、学科特性等多重因素的影响。在这一过程中，教师需要不断反思自己的教学行为，探索有效的教学策略，实现教学理念与教学实践的有机统一。

1.教师个人素质

每个教师都有其独特的个性、气质、品行和才能，这些因素交织在一起，构成了教师独特的人格特征。这种人格特征必然会投射到教学活动中，形成富有个人色彩的教学风格。例如，性格开朗、思维敏捷的教师往往采用活泼、互动性强的教学方式，善于营造轻松愉悦的课堂氛围；而性格内敛、思维严谨的教师则更倾向于采用条理清晰、循序渐进的教学方法，注重培养学生缜密的逻辑思维能力。此外，教师的知识结构、专业素养也会对教学风格产生重要影响。博学多才、学识渊博的教师往往能够融会贯通地讲解知识，引导学生从多学科视角分析问题；而专业基础扎实、实践经验丰富的教师则更善于将理论与实际相结合，提高学生动手操作和实践应用的能力。可见,教师个人素质的差异必然导致教学风格的多样化。

2. 学生特点

不同年龄、不同层次、不同专业的学生在认知基础、学习需求、思维方式等方面存在显著差异,这就要求教师根据学情采取相应的教学方式。例如,面对低年级学生,教师需要采用直观、形象、趣味性强的教学方法,注重培养学生的学习兴趣和思维能力;而面对高年级学生,教师则需要采用探究性、开放性较强的教学方式,注重引导学生开展自主学习和创新实践。又如,理工科专业的教学需要侧重培养学生的逻辑思维和动手能力,教师往往需要采用演示、实验等直观教学手段;而人文社科专业的教学则更注重培养学生的人文素养和批判性思维能力,教师通常需要采用讨论、辩论等互动性教学方法。可见,学生特点的差异性决定了教师必须采取因材施教的教学方式,这无疑会推动教学风格的进一步分化。

3. 学科特性

不同学科有其特定的知识体系、思维方式和研究范式,这些差异必然反映在教学过程中。例如,数学学科重视抽象逻辑思维能力的培养,教师通常采用演绎推理、归纳总结等教学方法,强调概念的准确性和推理的严密性;而文学学科更注重对想象力和审美能力的培养,教师往往采用赏析、讨论等教学方式,鼓励学生从多角度解读文本,表达独特见解。又如,自然科学类课程的教学通常采用观察、实验、归纳等方法,引导学生探索事物的客观规律;而社会科学类课程的教学则更多采用比较、分析、批判等方法,引导学生认识社会现象的复杂性。可见,学科特性的差异性必然要求教师采取与之相适应的教学模式,由此也推动了教学风格的多元化发展。

(二)教学语言艺术的提升

教学语言是教师在课堂教学中用于表达思想、传递知识、引导学生思考的重要工具。它不仅是教学内容的载体,更是教师教学艺术的重要体现。教师教学语言的艺术性直接影响着学生的学习兴趣、课堂参与度和学习效果。因此,提升教学语言艺术,对于优化英语课堂教学、促进学生英语学科核心素养的形成具有重要意义。

1. 教学语言的准确性是提升教学语言艺术的基础

英语作为一门语言学科,对语言的准确性有着较高要求。教师在课堂教学中必须使用规范、得体的语言，这不仅有助于学生形成良好的语感，更是培养其语言应用能力的前提。同时，准确的教学语言还能帮助学生厘清语法结构、辨析词汇差异、把握语篇逻辑，从而加深对英语知识的理解和掌握。因此，英语教师要注重知识的积累，不断扩充词汇量，提高语法修养，力求在课堂教学中做到语言表达准确无误。

2. 教学语言的生动性是提升教学语言艺术的关键

枯燥乏味的语言很难调动学生的学习兴趣，也无法有效传递教学内容。相反，生动形象、富有感染力的教学语言能够激发学生的求知欲，帮助其建立起语言学习的正向情感体验。为了增强教学语言的生动性，教师既可以适当运用比喻、夸张、拟人等修辞手法，用形象生动的语言描绘抽象的语法规则或单词用法；又可以讲述英语国家的风土人情、历史典故，用故事情境渲染语言氛围；还可以引用名人名言、经典台词，用优美的语言感染和鼓舞学生。总之，教师要善于创设学习情境，灵活运用多种教学艺术处理语言材料，不断提升教学语言的生动性和趣味性。

3. 教学语言的亲和性是提升教学语言艺术的保障

亲切、友善的教学语言是构建良好师生关系、营造融洽课堂氛围的润滑剂，它能够拉近师生之间的距离，增进彼此的理解和信任，从而为学生的语言学习创造轻松愉悦的环境。相反，严肃、冷漠的教学语言很容易使师生产生隔阂，导致学生产生畏难情绪，影响学习效果。因此，教师要注重语言的亲和力，尽量使用学生易于接受和理解的语言，营造平等、友好的课堂氛围。在语言表达上，教师要做到语速适中，吐字清晰，语调柔和，给人以亲切感；在语言内容上，教师要多鼓励表扬，用赞赏的语言激发学生的学习动力，用真诚的语言化解学生的疑虑困惑。只有言语亲切，态度真诚，才能拉近其与学生之间的距离，创设宽松和谐的学习氛围。

第三节　英语课堂管理与组织能力

一、英语课堂时间管理策略与技巧

（一）课前时间规划与准备

课前时间规划与准备是教师教学能力的重要体现，对于提高课堂教学效率、促进学生学习效果具有重要意义。在英语教学中，课前时间规划与准备需要教师综合考虑教学内容、学情分析、教学策略等多方面因素，精心设计符合学生认知特点和学习需求的教学方案。

1.了解学生的学情是课前规划的基础

教师应该通过多种途径全面评估学生的英语学习水平、认知特点、学习态度等信息，如学前测验、问卷调查、学习档案分析等。在掌握学情的基础上，教师要根据教学目标和学生特点，合理地选择和组织教学内容。教学内容应该具有科学性、系统性和适切性，既要体现英语学科的核心素养，又要契合学生的认识水平和生活经验。同时，教师还要对教学内容进行必要的加工和处理，使其更具针对性和实效性。

2.制定科学的教学方法是课前准备的关键

教师要根据教学内容和学情特点，设计多样化、多层次的教学活动，采用灵活有效的教学方法，为学生创设良好的学习情境。比如，在语法教学中，教师可以设计情景对话、游戏活动等，引导学生在具体语境中感知和运用语法知识；在阅读教学中，教师可以采用预测、略读、细读等方法，引导学生主动构建文本意义；在写作教学中，教师可以提供范文示范、写作框架指导等，帮助学生掌握写作技巧和方法。总之，教学方法的制定要遵循英语学科教学规律，体现以学生为中心的教育理念。

3.精心准备教学资源和教具是课前规划不可或缺的环节

教师要根据教学需要，开发和收集各种类型的教学资源，如图片、视频、音频、课件等，为学生提供丰富、真实的语言输入。同时，教师还要合理选用教具，如情境图卡、词汇卡片、故事书等，为学生创设形象生动的学习情境。教学资源和教具的使用要与教学内容紧密结合，与教学方法互为补充，从而营造良好的学习氛围。

4.课前规划要考虑到学生的差异性

面对不同层次、不同风格的学生，教师要因材施教，设计个性化的教学方案。对于学习有困难的学生，教师要给予更多的关注和指导，提供必要的学习支持；对于学有余力的学生，教师要提供拓展和深化的学习任务，满足其高阶思维发展的需要。只有充分考虑学生之间的差异，才能让每个学生找到适合自己的发展方向。

(二)课中时间分配与控制

课堂是学生学习和发展的主阵地，如何在有限的课堂时间内最大限度地提高教学效率，实现教学目标，是每一位教师都需要认真思考和不断探索的重要课题。课堂时间分配与控制是影响教学效率的关键因素之一，科学、合理地安排课堂教学的各个环节，对于保证教学质量、提高学生学习效果具有重要意义。

在英语课堂教学中，教师应根据教学内容和学生特点，灵活地调整课堂时间分配，既要保证教学进度，又要给学生留出充足的时间进行语言实践和交流互动。一般来说，教师讲授新知识的时间不宜过长，应控制在整节课的三分之一左右。过多的讲解会占用学生参与语言实践的时间，降低课堂教学的效率。同时，教师应尽可能创设语境，设计丰富多样的教学活动，如角色扮演、小组讨论、情景对话等，引导学生在实际运用中巩固所学知识，提高语言运用能力。

在课堂时间分配上，教师应注重对课堂节奏的把控。良好的课堂节奏能够调动学生学习的积极性，保持其注意力和兴趣。为此，教师可以采取灵活多样的教学方式，如启发式教学、互动式教学等，避免单调乏味的灌输式教学。同时，教师应根据学生的反应和掌握情况及时调整教学进度和难度，既不能操之过急，也不能拖沓冗长。适度地安排课堂提问、练习和反馈环节有助于教师了解学生的学习状态，及时发现和解决问题。

教师还应合理利用现代教育技术手段，优化课堂时间分配。多媒体教学能够创设生动形象的教学情境，激发学生的学习兴趣，提高教学效率。教师可以利用多媒体展示图片、视频、音频等教学资源，不仅能为学生提供丰富的语言输入，同时还可节省板书时间。网络平台的应用也为课堂教学拓宽了时空维度，教师可以利用网络平台布置课前预习任务、组织课后巩固练习，延伸课堂教学时间，提高学生学习的自主性。

(三)课后时间总结与反思

在英语教学中，时间管理是一项至关重要的技能。它不仅关乎对教学进度的把握，更直接影响学生的学习效果和兴趣。而课后时间的总结与反思，作为时间管理的重要环节，更是提高英语教学质量的关键。

1. 课后总结与反思的方法

(1)笔记法。学生可以将课堂所学知识记录在笔记本上，课后进行回顾和总结。在总结过程中，可以标注重点、难点和易错点，以便日后复习。

（2）思维导图法。学生可以使用思维导图软件或手绘思维导图，将课堂所学知识进行归纳和整理。通过思维导图，学生可以清晰地看到知识的脉络和联系，有助于加深理解和记忆。

（3）小组讨论法。学生可以与同学组成小组，共同讨论课堂所学知识。在讨论过程中，学生可以互相补充、纠正和深化理解。此外，小组讨论还有助于培养学生的合作精神和沟通能力。

（4）自我提问法。学生可以通过自我提问的方式，检验自己对课堂知识的掌握程度。例如，可以问自己："这个单词是什么意思？""这个语法点如何使用？"等问题。通过回答这些问题，学生可以加深对知识的理解和记忆。

2.课后总结与反思的实践应用

（1）设定明确的目标。在课后总结与反思前，学生应设定明确的目标。例如，可以设定"掌握本节课所学的所有单词和短语"或"理解并运用本节课所学的语法点"等目标。有了明确的目标，学生可以更有针对性地进行总结和反思。

（2）合理安排时间。学生应根据自己的实际情况，合理安排课后总结与反思的时间。一般来说，可以在课后立即进行简单的回顾和总结，然后在晚上或周末进行深入的反思和整理。这样既能及时巩固课堂知识，又能避免影响其他学习任务的完成。

（3）借助外部资源。在课后总结与反思过程中，学生可以借助外部资源来帮助自己。例如，可以查阅词典、参考书或在线资源等，以加深对知识的理解和记忆。此外，还可以向老师或同学请教，共同解决问题。

（4）及时进行反馈与调整。学生应将课后总结与反思的结果及时反馈给老师或同学，以便得到及时的指导和帮助。同时，学生还应根据反馈结果调整自己的学习策略和方法，以提高学习效果。

3.课后总结与反思的效果评估

（1）知识掌握程度。通过课后总结与反思，学生可以加深对课堂知识的理解和记忆。教师可以通过测试、作业等方式检查学生对知识的掌握程度，以评估课后总结与反思的效果。

（2）自主学习能力提升情况。课后总结与反思需要学生主动思考、归纳和整理知识。通过这个过程，学生可以逐渐培养自主学习能力。教师可以通过观察学生的表现、与学生交流等方式评估学生的自主学习能力。

(3)教学效果提高情况。课后总结与反思不仅有助于学生巩固知识、提高自主学习能力，还有助于教师了解学生的学习情况并调整教学策略。因此，课后总结与反思对于提升教学效果具有重要意义。教师可以通过学生的成绩、课堂氛围、学生反馈等方面评估教学效果的提高情况。

二、英语课堂学习环境营造与布置

(一)物理环境优化与美化

物理环境的优化与美化是英语教学中不可或缺的重要内容。良好的教学环境能够激发学生的学习兴趣，营造轻松愉悦的课堂氛围，提高教学效率。相反，单调乏味的教室布置会让学生产生厌倦情绪，降低学习积极性。因此，英语教师应该重视教学环境的创设，在硬件设施和软件设计上下功夫，为学生营造一个温馨、活泼、富有吸引力的学习空间。

从软件设计来看，墙面布置应与教学内容紧密结合。教师可以根据教学主题，设计制作各种图文并茂的板报，如“英美饮食文化”“名人名言欣赏”等，丰富学生的文化知识。同时，教师还可以充分利用现代信息技术，制作电子板报、微课视频等，增强教学内容的时代感和互动性。值得一提的是，学生也应该参与到教室环境优化中来，发挥主观能动性。教师可以组织学生分组进行教室布置，开展板报、手抄报评比等活动，进而调动学生的参与热情。

教学环境的美化还应注重人文关怀，体现以学生为本的教育理念。教师要关注每一位学生的情感需求，营造民主、平等、友爱的师生关系和同学关系。课堂上，教师应该热情洋溢地讲课，以灵活多变的教学策略展示教学魅力。同时，教师应积极主动地与学生进行沟通，细心观察学生的神态变化，及时给予鼓励和引导。在这种轻松、活跃、充满人文关怀的课堂氛围中，学生的身心得到放松，思维变得敏捷，学习效率自然能够得到提高。

(二)心理环境塑造与激励

心理环境是学生健康成长和全面发展的重要土壤，良好的心理环境能够营造一种积极向上、充满活力的校园氛围，激发学生的学习热情，培养其健全的人格。相反，不良的心理环境则会给学生的身心健康带来负面影响，阻碍其个性发展和潜能发挥。因此，塑造和优化学生的心理环境已经成为教育工作者的重要职责和努力方向。

对学生的心理环境塑造需要全方位、多角度地开展。教师作为学生心理环境塑造的重要主体，应该积极发挥榜样示范作用。一方面，教师要以饱满的教学热情、严谨的治学态度感染和鼓舞学生，帮助其树立积极进取的人生观和价值观。另一方面，教师要关注每一位学生的情感需求，尊重其个性差异，做到因材施教，让学生在宽松、民主的氛围中健康成长。与此同时，教师还要与学生建立平等、友善的师生关系，多一些理解和包容，少一些责备和惩罚，让学生感受到来自教师的关爱和呵护。

除教师外，学校的硬件设施和校园文化建设也是营造良好心理环境的重要途径。一方面，学校应该高度重视教学、生活设施的完善和改造，为学生提供安全、舒适、便捷的学习和生活环境。建设现代化的多媒体教室、丰富的图书资料室、功能齐全的实验实训场所，能够极大地激发学生的求知欲望。另一方面，学校要努力打造积极向上、充满人文关怀的校园文化。开展丰富多彩、寓教于乐的第二课堂活动，营造团结友爱、互帮互助的同学关系，引导学生陶冶情操、净化心灵、升华品格，构筑起良好的集体心理环境。

此外，心理健康教育课程的开设和心理咨询服务的提供也是优化学生心理环境不可或缺的一环。专业的心理健康教育课程能够帮助学生正确认识自我，学会情绪管理，提高应对挫折和压力的能力。而专业的心理咨询服务能够及时疏导学生的心理困惑，化解心理矛盾，预防和干预心理危机。学校应该配备专业的心理健康教育教师和心理咨询师，为学生的心理健康保驾护航。家庭、社会也要给予学生更多的理解、支持和关爱，共同营造有利于学生身心健康发展的良好环境。

（三）文化环境渗透与熏陶

文化环境的渗透与熏陶是英语课堂教学中一个不可或缺的重要组成部分。英语作为一门语言学科，不仅承载着丰富的语言知识，更蕴含着深厚的文化内涵。在英语教学过程中，教师应该充分意识到文化环境对学生语言学习和综合素质发展的重要影响，积极创设富有文化氛围的课堂环境，引导学生在潜移默化中感受、理解和吸收英语国家的文化精髓。

要营造良好的英语课堂文化环境，需要教师具备扎实的跨文化交际能力和文化素养。作为学生的引路人，教师自身必须对英语国家的历史、地理、风俗习惯、价值观念等有深入的了解和体认。只有教师的文化知识储备足够丰富，才能在教学中适时渗透文化知识，引导学生开阔眼界，提升文化意识。同时，教师还应该以开放、包容的心态看待文化差异，尊重并欣赏不同文化的独特之处，以身作则，帮助学生树立正确的文化价值观。

要营造良好的英语课堂文化环境，教师应该精心设计教学内容，将语言知识与文化元素有机融合。在讲解词汇时，教师可以适当引入词汇所蕴含的文化内涵，帮助学生深入理解词语的意义和用法。例如，在学习"bread"一词时，教师可以介绍西方国家的饮食习惯，讲解面包在西方人饮食中的重要地位，引导学生感受不同国家的饮食文化差异。在阅读教学中，教师可以选取蕴含丰富文化知识的篇章，引导学生在理解文本内容的同时，体会文章所反映的文化背景和价值观念。通过对语言和文化的有机结合，学生不仅能够掌握扎实的语言知识，更能提高文化理解力和鉴赏力。

要营造良好的英语课堂文化环境，教师应该充分利用多媒体资源，为学生营造身临其境的文化体验。现代信息技术的发展为英语教学提供了丰富多彩的教学资源。教师可以利用图片、音频、视频等多媒体材料，生动形象地展示英语国家的风土人情、历史遗迹、名胜古迹等，激发学生的学习兴趣。例如，在学习描述伦敦的文章时，教师可以播放伦敦街景的视频资料，让学生领略这座古老城市的魅力，感受其深厚的历史底蕴和文化积淀。多媒体环境的创设不仅能够拓宽学生的文化视野，更能促进其跨文化交际能力的提升。

要营造良好的英语课堂文化环境，教师应该鼓励学生走出课堂，参与丰富多彩的文化实践活动。学校可以定期组织英语国家文化专题讲座、英语电影赏析、英语歌曲欣赏等活动，为学生提供沉浸式的文化体验。教师也可以引导学生利用网络资源，与英语国家的中学生开展跨国文化交流，亲身体验异国文化，提高跨文化交际能力。在实践活动中，学生不仅能够将课堂所学知识运用到实际交流中，更能够感受文化交流的乐趣，增强学习英语的主动性和积极性。

三、英语课堂纪律维护与行为规范

（一）课堂纪律要求明确化

在英语课堂教学中，明确的课堂纪律要求能够营造良好的学习氛围，提高学生的学习效率，促进教学目标的实现。然而，制定合理、有效的课堂纪律规范并非易事，它需要教师根据学生的年龄特点、认知水平以及教学内容等因素，进行细致入微的设计并不断完善。

从学生的视角来看，明确的课堂纪律要求有助于培养其自律意识和规则意识。当学生清楚地了解课堂上应该遵守哪些行为准则时，他们更容易养成自觉遵守纪律的习惯。这不仅有利于维护课堂秩序，也为学生的健康成长奠定了重要基础。同时，在制定纪律要求时，教师还应该充分尊重学生的主体地位，鼓励其参与到规则的制定中来。这样不仅能增强纪律的可接受性，还能促进师生之间的民主平等，营造和谐的课堂氛围。

从教学内容的角度来看，不同的教学环节对课堂纪律的要求也各不相同。例如，在进行听力训练时，教师要求学生保持安静，专心听讲；而在小组讨论环节，教师则需要鼓励学生积极互动，勇于发表自己的观点。因此，教师在制定纪律要求时，应该根据教学内容的特点，提出有针对性的行为规范。同时，这些规范也要适当留有弹性空间，以适应教学过程中的突发情况和学生的个体差异。

从课堂管理的视角来看，明确的课堂纪律要求是维护教学秩序的重要手段。当学生出现违反纪律的行为时，教师应该及时予以制止，并帮助其认识到自己行为的不当之处。在这个过程中，教师既要坚持原则，又要讲究方式方法，注重保护学生的自尊心。与此同时，教师还应该注重发现学生的进步和闪光点，通过表扬和鼓励来强化其遵守纪律的行为，从而营造轻松、愉悦的课堂氛围。

（二）学生行为规范契约化

学生行为规范契约化是指通过师生共同参与制定契约，明确学生行为规范，培养学生自主管理意识和能力的过程。这一做法有助于构建平等、民主、和谐的师生关系，激发学生的主体意识，提高课堂管理效率。在制定契约的过程中，教师应充分尊重学生的意愿，鼓励其积极参与，提出合理化建议。同时，教师要引导学生从维护集体利益、营造良好学习环境的角度出发，制定切实可行的行为规范。契约内容应涵盖课堂纪律、学习态度、行为习惯等方面，既要体现对学生的行为要求，也要明确教师的责任义务。

契约制定后，教师和学生要共同遵守，形成一种互相信任、互相监督的关系。一旦学生违反契约，教师应及时提醒、引导，帮助其认识错误，改正偏差。对于屡教不改者，可适当采取必要的惩戒措施，但应以教育为主，避免使用简单粗暴的处理方式。总的来说，教师要以身作则，以理服人，唤起学生的责任意识和荣誉感，使其自觉遵守契约，养成良好的行为习惯。

学生行为规范契约化的核心在于学生的参与和教师的引导。学生参与契约制定的过程，实际上是一个自我教育、自我管理的过程。在此过程中，学生能够深刻认识到自己的行为对他人造成的影响，学会从他人角度审视自我，形成换位思考、与人合作的能力。而教师的引导则使学生的参与具有方向性和建设性，避免契约流于形式或者背离教育目标。教师要善于倾听学生的心声，循循善诱，引导学生形成正确的行为规范意识。

学生行为规范契约化对于创造良好的课堂氛围，提高教学效率具有重要意义。在契约的框架下，师生形成了共同的行为准则，减少了随意性和矛盾冲突，课堂秩序井然有序。学生遵守契约要求，养成自觉、专注、务实的学习态度，课堂参与度大大提升。教师也可以从繁杂的纪律维护事务中解放出来，将更多精力投入到教学内容和方法创新当中，实现教学相长。由此可见，学生行为规范契约化有利于营造团结友爱、积极向上的班级氛围，为学生健康成长创造良好条件。

（三）奖惩机制常态化

在英语课堂教学中，建立科学、有效的奖惩机制是维护课堂秩序、激励学生学习的重要手段。传统的奖惩方式往往缺乏系统性和连续性，容易流于形式，难以真正发挥应有的作用。因此，教师应该深入研究学生的心理特点和行为规律，创新奖惩方式，使之更加规范化、常态化，成为课堂教学的有机组成部分。

奖励机制的建立要坚持公平、公正、公开的原则，制定明确、具体、可操作的标准。教师可以从学生的学习态度、课堂表现、作业完成情况等方面入手，设置不同的奖励等级，如小红花、优秀学生证书、加分等。同时，奖励的形式要多样化，既可以是物质奖励，也可以是精神激励，如表扬、展示作品等。关键是要让每个学生都有机会获得奖励，体验成功的喜悦，从而增强学习的自信心和动力。

惩罚机制的建立要坚持以教育为主、惩戒为辅的方针，注重引导学生反思和改正错误。对于违反课堂纪律、影响他人学习的行为，教师应该及时制止和批评教育，必要时可以采取适当的惩戒措施，如站立、课后留堂等。但是，惩罚不能简单粗暴，更不能伤害学生的自尊心和积极性。教师应该通过耐心细致的思想工作，帮助学生认识错误的危害，提高遵守纪律的自觉性。

奖惩机制的落实需要家校密切配合，形成合力。教师应该与家长及时沟通学生在校的表现，争取家长的理解和支持。家长也应该配合学校的奖惩制度，在家庭中加强对孩子的教育和管理，帮助其养成良好的行为习惯。只有学校和家庭携手并肩，奖惩机制才能真正发挥应有的效力。

常态化的奖惩机制有利于营造良好的班级氛围，促进师生关系的和谐发展。

在这种机制下，学生能够明确自己的权利和义务，形成积极向上、团结友爱的集体意识。教师也能够更加细致地了解每个学生，因材施教，促进学生的全面发展。久而久之，奖惩机制就会内化为师生的自觉行动，成为维系课堂秩序的无形力量。

四、英语课堂师生互动与交流沟通

（一）师生互动方式的多样化

在英语教学中，师生互动是一个十分关键的环节，对于提高教学质量、激发学生学习兴趣具有重要意义。然而，传统的师生互动方式往往过于单一，难以充分调动学生的参与热情。因此，创新师生互动方式，增强互动的多样性已成为英语教学改革的重要内容。

1.丰富课堂提问

在英语课堂上，教师可以灵活运用各种类型的问题，如事实型问题、理解型问题、分析型问题、评价型问题等，激发学生的思维，引导其深入探索语言知识。同时，教师还应注重提问方式的多样化，可以采用随机提问、小组讨论后提问、学生自主提问等方式，营造民主、平等的课堂氛围，鼓励学生大胆表达自己的观点。

2.小组合作学习

教师可以根据教学内容和学生特点，灵活组织学生开展小组合作学习活动，如角色扮演、情景对话、专题讨论等。在小组合作学习过程中，学生不仅能够相互启发、共同进步，还能培养团队协作意识和沟通表达能力。教师则可以通过参与小组活动、引导讨论等方式，与学生进行更加深入、个性化的互动交流。

（二）师生沟通技巧的艺术化

师生沟通是教育教学活动中的重要环节，高效、顺畅的沟通有助于营造良好的课堂氛围，增进师生互信，提高教学质量。然而，在实际教学中，许多教师往往忽视沟通的艺术性，采用生硬、呆板的方式与学生进行交流，导致师生关系疏离，教学效果不佳。因此，英语教师应该重视师生沟通技巧的提升，用艺术化的方式拉近与学生的距离，激发其学习热情。

语言是师生沟通的主要媒介，教师应该注重语言的艺术性。这不仅包括英语语言的地道性和优美性，还包括普通话的标准性和亲和力。教师要用优雅、生动的英语表达吸引学生，用标准、亲切的普通话拉近与学生的心理距离。同时，教师还要注意语言的幽默感，恰当地运用风趣幽默的表达方式，活跃课堂氛围，化解师生间的隔阂。例如，在讲解英语语法时，教师可以穿插一些有趣的例句或笑话，既能让学生对语法规则印象深刻，又缓解了枯燥乏味的学习气氛。

除了语言艺术，教师还要注重肢体语言的艺术性。微笑、点头、眼神交流等肢体动作能够传递友好、鼓励的信号，拉近师生之间的心理距离。相反，面无表情、目光冷漠等负面肢体语言则会疏远师生关系，抑制学生学习的积极性。因此，教师要善于运用肢体语言，及时表达对学生的关切与鼓励。例如，当学生回答问题时，教师可以微笑着点头，用眼神传递赞许和支持，即使学生答错了，也要给予鼓励的眼神，增强其信心。

倾听也是师生沟通的重要艺术。许多教师习惯于一味灌输，却忽视了倾听学生心声的重要性。殊不知，只有用心倾听，才能真正走进学生的内心世界，了解其学习困惑和心理需求。因此，教师要学会倾听的艺术，耐心听取学生的意见和建议，及时给予反馈和帮助。例如，教师可以定期与学生进行一对一交流，倾听他们对教学的看法和建议，表达对其学习和生活的关心，建立起亦师亦友的关系。

此外，教师还要注重情感交流的艺术性。教育不仅是知识的传授，更是情感的交流。教师要学会用真诚、温暖的情感感染学生，唤起其积极向上的情感态度。例如，教师可以在英语课堂上分享自己的成长经历，表达对英语学习的热爱，鼓励学生克服困难，追求梦想。又如，当学生遇到挫折时，教师要给予及时的情感支持，帮助其重拾信心。

第三章 基于核心素养的中小学英语教学设计

第一节 基于核心素养的中小学英语教学目标设计

一、基于语言能力培养的中小学英语教学目标设计

(一)听说能力目标设计

有效的听说能力目标设计应充分考虑学生的认知发展水平和英语学习特点，突出语言运用能力的培养。在设计听力目标时，教师应根据不同年级学生的实际情况，选取难度适中、内容多样的听力材料，引导学生在听的过程中理解语篇大意，把握关键信息，领会说话者的态度和情感。同时，教师还应设计一些开放性的问题，鼓励学生对听到的内容进行推断、判断和评价，培养其分析和思辨能力。

在设计说的目标时，教师应着眼于学生在真实情景中运用英语进行交流的能力。一方面，教师可以创设与学生生活密切相关的语境，引导学生用英语表达自己的观点、情感和需求；另一方面，教师还可以组织主题讨论、角色扮演等活动，为学生提供展示自我、与他人互动的平台。在这个过程中，教师应鼓励学生大胆表达，不过分追求语法的准确性，而是更加关注语言的流畅性和得体性。

在制定听说目标时，教师还应重视听说技能的综合训练。听与说是相辅相成、密不可分的，只有在大量的听力输入基础上，学生的语言输出能力才能得到真正的提高。因此，教师应精心设计教学活动，引导学生在听的基础上开展复述、讨论、辩论等输出性练习，使其听说能力得到均衡发展。

(二)读写能力目标设计

在核心素养视域下，读写能力作为中小学英语教学的重要目标，需要教师在教学设计中给予高度重视。读写能力不仅涉及对英语语言知识的掌握，更关乎学生思维品质的提高和学习能力的培养。因此，教师在设计读写教学目标时，应立足学生发展需求，遵循语言学习规律，兼顾知识、能力、情感态度等多维度因素，努力构建科学合理、富有成效的教学目标体系。

其一，教师应基于语言建构与运用的核心素养，设计切实可行的语言知识与技能目标。这就要求教师在教学中引导学生掌握英语语音、词汇、语法等基础知识，注重培养其语言理解和表达能力。例如，在阅读教学中，教师可以设计词汇辨识、语篇理解等具体目标，引导学生通过分析语境、把握关键信息等策略，提升阅读理解能力。在写作教学中，教师可以设计句型运用、语篇组织等目标，指导学生运用恰当的语言形式，写出连贯、得体的语篇。通过语言知识与技能目标的达成，学生能够学会语言建构，提高语言运用能力，为读写能力的发展奠定基础。

其二，教师应着眼于思维发展与提升的核心素养，设计富有挑战性的思维拓展目标。读写活动不仅是语言的呈现，更是思维的外化。因此，教师在设计教学目标时，应重视对学生的批判性思维、创新思维等高级思维能力的培养。例如，在阅读教学中，教师可以提出对文本进行深度分析和评价的要求，鼓励学生从多视角、多层面思考问题，提出独到的见解。在写作教学中，教师可以引导学生通过思维导图、头脑风暴等方法发散思维，创造性地运用语言表达观点。通过思维拓展目标的设计，学生能够在读写活动中突破思维定式，提升思维品质，形成敏捷、灵活、缜密的思维品格。

其三，教师应立足学会学习与创新的核心素养，设计符合认知规律的策略运用目标。读写能力的习得离不开科学有效的学习方法。因此，教师在设计教学目标时，应引导学生掌握适切的学习方法，培养自主学习和创新思维的意识与能力。例如，在阅读教学中，教师可以指导学生运用预测、提问、归纳等方法，主动建构文本意义。在写作教学中，教师可以引导学生通过收集资料、头脑风暴、成品分析等方法，提高写作的计划、组织和修改能力。通过策略运用目标的达成，学生能够掌握读写学习的有效途径，提高自主学习能力，增强学习的主动性和创造性。

其四，教师应关注文化理解与传承的核心素养，设计彰显人文内涵的情感态度目标。语言学习不仅关乎工具性，更体现人文性。因此，教师在设计教学目标时，应注重学生文化素养的培育和价值观念的形塑。例如，教师可以选取蕴含中外优秀文化的阅读材料，引导学生感悟不同国家、民族的文化内涵，培养文化包容性和国际视野。又如，教师可以引导学生在写作中表达对真善美的追求，抒发家国情怀和人文关怀，展现社会责任感和使命担当。通过情感态度目标的渗透，学生能够在读写活动中加深对中外优秀文化的理解，树立正确的价值取向，提升文化自信和培养家国情怀。

(三)语法能力目标设计

1.小学英语语法能力目标设计

(1)知识目标。

①掌握基本语法概念。理解名词、动词、形容词、副词等词性的基本含义和用法。掌握基本的句子结构,如主语+谓语的基本句型。

②学习时态和语态。初步了解现在进行时、一般现在时等简单时态的用法。了解被动语态的基本结构和用法。

学习基本句型。学习并掌握陈述句、疑问句、祈使句、感叹句等基本句型。

(2)技能目标。

①听说技能。在日常交流中能正确运用所学语法知识进行口头表达。能听懂含有简单语法结构的对话和短文。

②读写技能。能阅读并理解含有简单语法结构的短文。能书写符合语法规则的简单句子和段落。

(3)情感与文化目标。

①培养学习兴趣。通过趣味化的语法教学活动,激发学生的学习兴趣和热情。

②培养跨文化意识。在学习语法的过程中,初步了解英语国家的文化和习俗。

2.初中英语语法能力目标设计

(1)知识目标。

①深化基本语法概念。深入理解词性、句子结构等基本概念,并能准确运用。

②学习复杂时态和语态。掌握过去进行时、将来进行时等复杂时态的用法。深入学习各种语态的用法,如完成语态、进行语态等。

③学习从句。学习并掌握定语从句、状语从句等从句的基本结构和用法。

(2)技能目标。

①听说技能。在日常和学术交流中,能准确、流利地运用语法知识进行口头表达。能听懂含有复杂语法结构的对话和短文。

②读写技能。能阅读并理解含有复杂语法结构的文章和文学作品。能书写符合语法规则的复杂句子、段落和短文。

(3)情感与文化目标。

①增强自主学习能力。通过语法学习，培养学生的自主学习能力，使他们能够独立思考和解决问题。

②提高跨文化交际能力。在学习语法的过程中，进一步了解英语国家的文化和习俗，提高跨文化交际能力。

二、基于思维品质发展的中小学英语教学目标设计

(一)逻辑思维能力目标设计

逻辑思维是探索事物规律、揭示事物本质的重要工具，也是创新思维和批判性思维的重要基础。在中小学英语教学中，科学设计逻辑思维能力目标，有助于提高学生的语言运用能力和综合素养。为了有效培养学生的逻辑思维能力，教师需要在教学目标设计中体现出系统性、针对性和可操作性的特点。

系统性要求英语教学目标既要关注学生逻辑思维能力的整体发展，又要细化到听、说、读、写等各项语言技能的训练。教师应根据不同年级学生的认知发展水平，设计出层次分明、环环相扣的逻辑思维能力目标。例如，在低年级阶段，教师可以通过图片描述、故事复述等活动，培养学生根据事物特征进行归类和比较的能力。随着年级的递进，教师可以引导学生运用归纳、演绎等方法，探索语篇内在的逻辑关系，进而提升语言表达的条理性和论证性。这种循序渐进、由浅入深的目标设计，有利于帮助学生构建完整的逻辑思维能力体系。

针对性要求英语教学目标紧密结合语言学习的特点，突出逻辑思维在语言运用中的作用。相较于其他学科，英语学科更加注重语言的交际功能和人文内涵。因此，教师在设计逻辑思维能力目标时，应着眼于提高学生在交际情境中的语言组织和表达能力。例如，教师可以设计“观点陈述一论据支撑一结论得出”的写作训练目标，帮助学生掌握论证性文章的基本写作思路。又如，教师可以通过组织小组讨论、辩论等互动活动，锻炼学生用英语阐明观点、驳斥对方论点的能力。这些紧扣语言运用实际的目标设计，能够充分彰显英语学科的特色，培养学生运用逻辑思维解决语言问题的兴趣。

可操作性要求英语教学目标具有明确的行为表现，便于教师有针对性地组织教学活动。一些宽泛笼统的目标表述，如“培养学生的逻辑思维能力”，缺乏可操作的路径和评价的标准。为了提高目标的可操作性，教师应将逻辑思维能力细化

为若干可观察、可测评的学习表现。例如，"能够根据关键词快速锁定文章中心思想""能够梳理文章脉络，用简洁语言进行概括"等，都是具有较强可操作性的目标描述。通过这种具体化的目标设置，教师能够更加精准地把握教学重难点，学生也能够明确自身的学习任务，从而提高教与学的针对性和有效性。

(二)创新思维能力目标设计

在核心素养理念的指引下，英语教学不仅要注重语言知识和技能的传授，更要着眼于学生创新意识和能力的培养。设计富有创新性的英语教学目标，对于激发学生的学习兴趣、提升其语言运用能力具有重要意义。

创新思维能力目标设计应立足学生认知发展水平，体现英语学科特点。一方面，教学目标要符合学生的年龄特征和思维发展规律，循序渐进、由浅入深；另一方面，教学目标要紧密结合英语学科的语言性和人文性，充分挖掘其中蕴含的创新元素。例如，教师可以设计"创意对话"的教学目标，引导学生在对话练习中发挥想象力，创设新颖有趣的情境；又如，教师可以设计"跨文化创新交流"的教学目标，鼓励学生从多元文化视角探索问题，提出独特见解。这些富有创新性的目标设计，不仅能够培养学生敢于质疑、勇于尝试的创新精神，更能够提升其语言思维能力和文化理解力。

创新思维能力目标设计应突出学生的主体地位，注重创新实践活动的开展。传统的英语教学往往以教师为中心，学生被动接受知识灌输，缺乏主动探索和创造的机会。而创新思维能力的培养，需要学生在实践中不断尝试、体验和反思。因此，教师在设计教学目标时，应该为学生提供充足的创新实践机会，鼓励其自主设计、自主探究。例如，教师可以设计"创意写作"的教学目标，引导学生创作富有个性和想象力的英语作文；又如，教师可以设计"创新项目研究"的教学目标，组织学生开展跨学科、跨文化的探究活动。在这些创新实践中，学生能够充分发挥主观能动性，掌握创新思维的方法和策略，形成敢于创新、善于创新的素养。

创新思维能力目标设计还需要教师不断更新教育理念，提高创新教学能力。培养学生的创新思维，对教师自身的创新意识和能力提出了更高要求。教师要树立终身学习的理念，与时俱进地吸收教育教学的新理论、新方法，不断优化知识结构，提升专业素养。同时，教师要勇于突破传统的教学模式，探索创新性的教学策略和方法，为学生创造开放、活跃的创新氛围。例如，教师可以引入项目式学习、问题式学习等创新型教学模式，激发学生的创新潜能；又如，教师可以运用信息技术手段，拓宽学生的创新视野和丰富学生的学习资源。唯有教师自身具备扎实的创新意识和能力，才能更好地引领学生开展创新思维的学习和实践。

三、基于学习能力提高的中小学英语教学目标设计

（一）自主学习能力目标设计

自主学习能力是学生在学习过程中自觉调动已有知识和经验，主动分析问题、解决问题，不断获取和加工新知识，形成新技能的综合素质。它不仅是学生适应终身学习、实现全面发展的关键，更是中小学英语教学的重要目标之一。在核心素养视域下，英语教师应着力培养学生的自主学习能力，帮助其掌握科学的学习方法，养成良好的学习习惯，从而为未来的发展奠定坚实基础。

1. 激发学生的学习兴趣

兴趣是最好的老师，学生只有对英语学习产生了浓厚的兴趣，才会主动投入时间和精力，探索未知领域，攻克学习难关。为此，教师应精心设计教学内容，选取贴近学生生活实际、富有时代特色的素材，创设有利于学生参与和体验的教学情境，调动学生的多种感官，唤起其探究欲望。同时，教师还应因材施教，针对不同学生的认知特点和学习需求，提供个性化的学习资源和指导，满足其不同层次的发展需要。

2. 教授科学的学习方法

学习方法是个体在学习过程中形成的一整套程序化的认知和行为方式，对提高学习效率、解决学习困难具有重要作用。在英语学习中，学生需要掌握词汇记忆、语法理解、阅读理解、口语表达、写作等多方面的方法。教师应在教学中有意识地渗透方法指导，引导学生总结规律，领悟方法，逐步内化为自身的学习能力。例如，在词汇教学中，教师可以引导学生通过语境理解、构词法分析、图像记忆等方式扩大学生的词汇量；在阅读教学中，教师可以指导学生运用略读、查读、精读等方法，提高学生的阅读效率和理解水平。

3. 完善学习评价体系

评价是教学的“指挥棒”，对学生的学习行为具有重要的导向和激励作用。传统的英语教学评价往往以考试成绩为唯一标准，片面强调知识的掌握，忽视了对

学生学习过程和能力的考查。这种评价方式不仅难以全面衡量学生的发展水平，更容易挫伤其自主学习的积极性。因此，教师应改变评价理念，建立多元化的评价体系，将形成性评价和终结性评价相结合，关注学生在学习过程中的表现，肯定其进步和成长。同时，教师还应鼓励学生开展自我评价和互评，引导其反思学习过程，调整学习策略，增强自我管理和监控意识。

4.良好学习环境的营造

学校应加强硬件设施建设，为学生提供丰富的学习资源和便利的学习条件。图书馆、多媒体教室、语音室等都是学生自主学习的重要场所，学校应合理配置，优化管理，为学生创造更多自主学习的机会。同时，营造民主、平等、互助的班级氛围也十分必要。教师不仅应尊重学生的个体差异，鼓励其大胆质疑，勇于表达，体现人文关怀；还应开展丰富多彩的英语实践活动，为学生搭建交流合作的平台，在协作互助中提升自主学习能力。

(二)探究学习能力目标设计

探究学习是一种以学生为主体、以问题为导向的学习方式，它强调学生在教师指导下主动探索和发现知识的过程。在英语教学中，设计合理的探究学习能力目标，对于培养学生的英语学科核心素养具有重要意义。

从语言知识层面看，探究学习能够帮助学生深入理解英语语言的规律和特点。通过引导学生自主探究语法结构、词汇用法、语篇特征等，教师可以促进学生建构系统完整的语言知识体系。在探究过程中，学生不仅能够掌握英语语言的表层知识，更能领悟其深层次的内在逻辑，形成语言学习的迁移能力。同时，探究性的语言学习还能激发学生对英语的兴趣，提高其主动学习的意识和能力。

从语言运用能力层面看，探究学习是提高学生英语应用能力的有效途径。在探究活动中，学生需要运用已有知识解决实际问题，如阅读理解、写作表达、口语交流等。这一过程不仅能够巩固学生的语言知识，更能锻炼其综合运用语言的能力。通过设计真实情境下的探究任务，教师可以帮助学生将课堂所学与生活实践相联系，提高其英语运用的灵活性和适应性。探究性学习还能促进学生批判性和创新性思维的发展，使其在语言运用中体现个性化特征。

从文化意识角度看，探究学习有助于学生对英语国家文化的理解和认同。语言与文化密不可分，深入了解英语国家的历史、地理、风俗习惯等，是学好英语的重要前提。在探究活动中，教师可以引导学生自主探索英美文化的多样性和独特性，体验不同文化的魅力。通过对比分析中西方文化的异同，能够培养学生文化自觉和包容意识，树立正确的文化价值观。探究性的文化学习还能提升学生的跨文化交际能力，为其未来的国际交流奠定良好基础。

从学习能力维度看，探究学习是学生自主学习、合作学习等能力培养的摇篮。在探究过程中，学生需要独立思考问题，制订探究计划，选择恰当的学习方法，评价学习效果。这一系列环节对于学生自主学习能力的养成至关重要。同时，探究活动往往采取小组合作的形式，学生需要在团队中明确分工，相互协作，共同完成任务。合作探究不仅能够促进学生知识的内化，更能锻炼其沟通表达、团队协作等社会性技能。

第二节　基于核心素养的中小学英语教学内容设计

一、语言知识与语言技能内容设计

（一）词汇知识内容选择与设计

词汇知识是语言学习的基石，也是中小学英语教学的重要内容。科学合理地选择和设计词汇教学内容，对于提高教学质量、培养学生语言运用能力具有重要意义。在核心素养理念的指引下，英语教师应立足学科特点，遵循语言学习规律，创新词汇教学模式，精心设计教学内容，帮助学生构建系统完整的词汇知识体系，为其奠定终身学习和发展的坚实基础。

中小学英语词汇教学内容的选择应坚持以学生发展为本，充分考虑其认知特点和学习需求。低年级学生思维具体形象，记忆力强，教师应选取贴近其生活实际、学生感兴趣的词汇，创设生活化的情境，引导学生在实践中感悟和理解词汇的意义。如在教授表示颜色的词汇时，教师可以利用图片、实物等直观教具，引导学生观察，在视听结合中建立词汇与概念之间的联系。随着年级的递进，学生的思维逐渐走向抽象，词汇量不断扩大，教师应适当增加词汇难度，引入多义词、同义词、反义词等，培养学生辨析词汇间关系的能力。与此同时，教学内容还应涵盖构词法等词汇学习策略，帮助学生掌握词汇扩展的有效方法，形成主动学习的意识和能力。

核心素养视角下的英语词汇教学内容应体现学科育人价值，兼顾知识与技能、过程与方法、情感态度与价值观的融合。除了传授词汇的表层含义，教师还应引导学生探究词汇的文化内涵，体会其中蕴含的人文精神和思想价值。如在教授有关环保、和平、友善等主题的词汇时，教师可以引导学生剖析词义，感悟人与自然、人与社会、人与人之间和谐相处的道理，树立正确的世界观、人生观和价值观。同时，教师还应设计体现语言建构、文化意识、思维品质等学科核心素养的词汇学习活动，引导学生在实践应用中内化词汇知识，提高思维能力。

(二)语法知识内容选择与设计

语法知识同样是语言学习的基石，在中小学英语教学中具有举足轻重的地位。科学、合理地选择和设计语法教学内容，是提高英语教学质量、培养学生语言运用能力的关键所在。在核心素养理念的指引下，语法知识内容的选择与设计应着眼于语言建构、文化意识、思维品质、学习能力四大维度，充分体现工具性和人文性的统一，凸显语法教学的育人功能。

从语言建构的角度看，语法知识内容的选择应关注语法项目的实用性和频率。教师应优先选取在日常交际中使用频率较高、对语言表达影响较大的语法点，如词性、时态、语态、从句等，帮助学生掌握语言表达的基本规律。同时，教学设计应强调语法形式与语义功能的对应关系，引导学生探索语法结构蕴含的交际意图，提高语言运用的准确性和得体性。教师还应关注语法项目的递进关系，根据学生认知发展水平，循序渐进地安排教学内容，构建系统完整的语法知识体系。

从文化意识的角度看，语法知识内容的选择应彰显语言的人文内涵。语法不仅是语言规则的集合，更承载着丰富的文化信息。很多语法现象都是特定文化传统、价值理念的反映，蕴含着独特的民族思维方式。因此，教师在设计语法教学内容时，应适当融入文化背景知识，引导学生从多元文化视角分析语法现象，领悟语言表达的文化内涵。

从思维品质的角度看，语法知识内容的设计应注重培养学生的逻辑思维能力。语法规则本身就蕴含着丰富的逻辑关系，如递进、转折、因果等。教师应充分挖掘语法学习的思维训练功能，通过创设探究情境、设计开放性问题等方式，引导学生主动思考，积极建构，发展学生的抽象思维和推理能力。同时，在教学中还应重视对语法知识的迁移应用，鼓励学生举一反三，在新的语境中灵活运用所学语法，提高其分析问题、解决问题的能力。例如，在学习定语从句时，教师可以设计语篇改错练习，要求学生运用所学语法知识分析病句成因，进而修改错误，强化其语法应用意识和思辨能力。

从学习能力的角度看，语法知识内容的设计应突出学生的主体地位，注重其自主学习能力的培养。语法学习绝非一蹴而就，而是需要学生付出持续努力，养成自主学习的习惯。为此，教师应转变传统的“满堂灌”式教学模式，为学生创设自主探索的空间，培养其独立思考、质疑求证的意识和能力。在教学实践中，教师可以引导学生制订个性化的语法学习计划，明确学习目标，选择合适的学习策略，并通过自我监控和反思不断优化学习过程。此外，教师还应充分利用信息技术手段，为学生提供丰富的语法学习资源，搭建交互式的学习平台，使其能够根据自身特点灵活安排学习，不断提高语法学习效率。

二、学科核心素养导向的教学内容选择

（一）语言建构素养视角下的教学内容选择

1. 教学内容选择应注重语言知识的系统性和完整性

语音、词汇、语法等语言要素是构成语言能力的基础，教师应根据学生的认知规律和语言发展水平，科学规划和设计教学内容，突出语言知识的内在逻辑和层次关系。同时，教学内容还应兼顾语言技能的综合训练，在听、说、读、写、译等方面为学生提供足够的实践机会。通过语言知识与语言技能的协调发展，帮助学生建构完整的语言能力体系。

2. 教学内容选择应体现语言的实际应用价值

语言学习的最终目的是运用，教师应积极创设贴近学生生活实际的语言情境，选择富有时代感和趣味性的教学素材，激发学生的学习兴趣。教学内容还应涵盖多样化的语言功能，如信息传递、情感表达、社交互动等，引导学生体验语言的实用性和交际价值。此外，教师可适当补充跨文化交际的相关内容，帮助学生了解中西方文化之间的差异，提升语言运用的得体性。

3. 教学内容选择应促进学生语言思维品质的形成

语言能力的提高离不开思维能力的支撑，教师应重视在语言教学中渗透对学生思维品质的培养。一方面，教学内容应体现语言的逻辑性和条理性，通过语篇的合理组织帮助学生形成缜密的逻辑思维；另一方面，教学内容还应注重开放性

和探究性，鼓励学生提出问题、分析问题、解决问题，促使学生在语言实践中提高批判性和创新性思维。

4.教学内容选择应加强语言学习方法的指导

学会学习是中小学英语课程的重要目标之一，教师应充分利用教学内容，为学生讲解和示范语言学习方法，如词汇记忆方法、阅读理解方法、写作思路方法等，使其掌握更加高效的语言学习方法。同时，在教学内容中还可融入自主学习、合作学习等多元化学习方式的指导，引导学生主动参与、积极思考，逐步形成良好的语言学习习惯。

(二)文化意识素养视角下的教学内容选择

在教学内容选择时，教师应充分考虑学生的文化背景、年龄特点和认知水平，选取适宜的文化主题，引导学生理解中西方文化之间的异同，培养其跨文化交际能力和全球公民意识。具体而言，教师可以从以下几个方面入手。

首先，教师应积极挖掘英语课程中蕴含的中华优秀传统文化元素，如传统节日、民间故事、历史典故等，引导学生用英语讲述中国故事，传播中国声音。通过对比中西方文化中类似主题的异同，学生能够更深刻地认识中华文化的独特魅力，增强文化自信心和民族自豪感。同时，学生也能学会用英语介绍中国文化，提升跨文化交际能力。

其次，教师应合理选取体现西方文化特色的教学内容，如西方国家的地理、历史、风土人情等，帮助学生了解和欣赏不同文化的多样性。通过探讨不同文化背景下人们的生活方式、价值观念、行为规范等，学生能够开阔眼界，培养包容、尊重文化差异的态度，树立正确的文化价值取向。教师还可以创设情境，组织学生开展角色扮演、讨论辩论等活动，在沟通交流中加深对西方文化的理解和体验。

最后，教师应注重选取反映当代社会热点问题、展现全人类共同关切的教学内容，如环境保护、可持续发展、人权平等等，引导学生关注全球性议题，树立人类命运共同体意识。通过分析不同国家、不同文化背景下人们对这些问题的态度和解决方案，学生能够意识到世界不同国家的联系与共通性，增强参与全球治理、应对全球挑战的责任感和使命感。

(三)思维品质素养视角下的教学内容选择

思维品质作为核心素养之一，对于中小学英语教学具有重要的指导意义。教学内容的选择应该立足于培养学生的思维品质，引导学生在语言学习的过程中发展逻辑思维、创新思维和批判性思维等关键能力。

在选择教学内容时，教师应注重其与学生思维发展水平的匹配。低年级学生处于形象思维向抽象逻辑思维过渡的阶段，教学内容应以直观、形象、生动有趣为主，如儿歌、故事、游戏等，帮助学生在轻松愉悦的氛围中感知语言、建构语言。随着年级的递进，教学内容应逐步增加抽象性和逻辑性，设计一些开放性的问题情境，鼓励学生从多角度思考问题、提出见解，发展发散性思维和创新意识。

在选择教学内容时，应重视语言知识与思维方法的融合。语言学习不仅仅是词汇、语法等知识点的罗列和强化，更应注重思维方式的培养。教师可以通过精心设计的任务和活动，引导学生掌握概括、分类、比较、分析、综合等基本思维方法。例如，在学习动物主题时，教师可以引导学生对不同动物的特征进行分析和比较，归纳出它们的共性和差异。在探讨环保话题时，教师可以组织学生从社会、经济、生态等不同视角分析发生问题的成因，提出解决方案。这些跨学科、多维度的教学内容有助于学生建构系统化的知识体系，发展缜密的逻辑思辨能力。

在选择教学内容时，应体现人文关怀，引导学生形成积极向上的价值观念。教师可以选择蕴含人生哲理、彰显文化内涵的素材，在潜移默化中影响学生的情感态度。例如，在学习名人传记时，教师不仅要引导学生掌握相关的语言知识，更要激发学生对名人事迹的思考和感悟，学习他们坚韧不拔、勇于创新的品格，树立正确的人生观和价值观。

(四)学习能力素养视角下的教学内容选择

学习能力素养视角下的教学内容选择应着眼于激发学生的学习兴趣，培养其自主学习和探究创新的能力。教师在设计教学内容时，需要深入分析学生的认知特点和学习需求，精心挑选具有挑战性和吸引力的学习材料，引导学生主动参与知识的建构过程。

具体而言，教师可以选择与学生生活经验相关、富有时代特色的真实语言材料作为教学内容，如新闻报道、广告标语、网络热词等。这些材料不仅能够激发学生的学习兴趣，还能帮助其理解语言在实际交际中的应用，提高语言运用能力。同时，教师还应关注教学内容的层次性和递进性，适当纳入超越学生现有语言水平的内容，为其提供“拔高”的机会。这种适度的挑战不仅能够提升学生的学习动机，更能促进其语言能力的跃迁式发展。

此外，学习能力素养导向下的教学内容选择还应重视学科内容的整合与拓展。英语学科蕴含着丰富的人文内涵，与其他学科有着广泛的联系。教师可以有机融合语言、文化、历史、科技等多学科元素，设计跨学科的教学内容，引导学生从多元视角理解和探究语言现象，培养其批判性和创新性思维。例如，在学习环保主题的语篇时，教师可以补充介绍相关的科学知识，引导学生思考语言表达与环境保护之间的关系，拓展和挖掘学习的广度和深度。

在教学内容呈现的过程中，教师应积极引导学生参与探究式和合作式的学习活动，培养其自主学习和团队协作的能力。例如，教师可以提供一些开放性的问题情境，鼓励学生通过小组讨论、查阅资料等方式寻求解决方案，在协作探究中提升语言交际能力和问题解决能力。又如，教师可以为学生创设自主学习的平台，提供丰富多样的学习资源，引导其根据自身特点和需求选择学习内容，制订学习计划，逐步提高自主学习能力。

三、学生发展水平与认知特点相适应的教学内容呈现

(一)低年级学生教学内容呈现形式

低年级学生正处于身心发展的关键时期，其认知能力、思维方式、学习兴趣等都有别于高年级学生。因此，在为低年级学生设计和呈现英语教学内容时，教师必须充分考虑他们的发展特点和学习需求，采取恰当的教学形式，以激发其学习兴趣，培养其语言学习能力。

从认知发展角度来看，低年级学生的思维主要以具体形象思维为主，抽象逻辑思维尚未充分发展。这就要求教师在教学内容呈现时，应多采用直观、形象、生动的方式，如图片、实物、动画等，减少抽象的语法规则和概念的讲解。同时，教学内容应贴近学生生活，选取他们感兴趣的话题，如家庭、动物、游戏等，通过创设真实情境，帮助学生理解和运用语言。

从学习兴趣角度来看，低年级学生普遍好奇心强，喜欢新鲜有趣的事物。教师应充分利用这一特点，在教学内容中融入游戏、歌曲、故事等趣味性元素，调动学生的学习积极性。例如，可以设计寻宝游戏，引导学生用英语描述各种物品的特征；又如，可以改编学生喜爱的故事，创设角色扮演情境，鼓励学生用英语对话。这些活动不仅能够激发学生的学习兴趣，还能够创造更多语言实践机会，提高学生的语言运用能力。

从语言学习能力角度来看，低年级学生的语音辨别和模仿能力较强，但词汇

量有限，语法意识较弱。因此，教学内容应注重对语音、词汇的输入和练习，通过歌谣、童谣、绕口令等形式，帮助学生掌握标准语音，积累基础词汇。同时，在语法教学中，应减少显性讲解，多通过示例引导学生归纳语言规律，在实际语境中感知和内化语法结构。

（二）中年级学生教学内容呈现策略

随着学生身心发展的变化，中年级学生在认知、情感、社会性等方面都呈现出与低年级明显不同的特点。因此，英语教学内容的呈现需要充分考虑这一阶段学生的发展规律和学习需求，采取恰当的教学策略，以提高教学的针对性和实效性。

在认知方面，中年级学生的思维能力日渐成熟，逻辑思维、抽象思维逐步发展。他们已经能够运用归纳、演绎等方法分析和解决问题，对事物的理解也更加深入和全面。基于这一特点，英语教学内容的呈现应注重培养学生的逻辑思维能力，引导其主动思考、分析和归纳语言规律。教师可以设计一些开放性的问题，鼓励学生从多角度探讨，并提出自己的见解。同时，教学内容也应适度增加深度和挑战性，激发学生的求知欲和探究精神。

在情感方面，中年级学生的自我意识不断增强，情绪体验更加丰富和细腻。他们渴望得到他人的认可和尊重，对教师和同伴的评价也更加敏感。因此，英语教学内容的呈现应注重创设积极、轻松的课堂氛围，多给予学生鼓励和支持，增强其自信心和学习动机。教师可以引入一些富有情感色彩的话题，如友谊、家庭、梦想等，引导学生畅所欲言，积极表达内心的真实想法。在学生出现错误时，教师也应给予积极的引导和帮助，避免打击学生的学习热情。

在社会性方面，中年级学生的人际交往能力不断提升，愿意与他人合作、交流。他们已经能够从他人的角度看问题，学会换位思考，懂得尊重和包容。为顺应这一特点，英语教学内容的呈现应为学生提供更多合作、交流的机会，培养其沟通表达和团队协作的能力。教师可以采用小组合作、情景对话、角色扮演等教学形式，让学生在真实语境中运用语言，体验交际的乐趣。同时，教学内容也应涉及一些社会热点话题，引导学生关注社会，学会用英语表达自己的观点。

此外，中年级学生的自主学习意识逐渐增强，已经具备一定的自主学习能力。因此，英语教学内容的呈现应突出“以学生为中心”的理念，充分发挥学生的主体作用。教师可以引导学生制订个性化的学习目标和计划，为他们提供丰富多样的学习资源和渠道。在教学过程中，教师也应鼓励学生主动参与、积极思考，通过自主探究和合作交流构建知识体系。只有最大限度地调动学生的学习主动性和创造性，才能真正实现因材施教，促进每一位学生的个性化发展。

（三）高年级学生教学内容呈现的形式

高年级学生面临着更加复杂的学习任务和更高的学业要求，这就需要教师在教学内容呈现上采取更加灵活、多元的形式。传统的知识灌输式教学已经难以满足高年级学生的认知发展需求，教师应该着力创设富有挑战性和开放性的学习情境，引导学生主动探索、积极思考，在问题解决的过程中构建起系统完整的知识体系。

教师可以根据教学内容的特点，合理设计一些开放性的探究任务或项目供学生学习，鼓励学生运用已有知识和经验，提出自己的见解和方案。在这一过程中，教师要充分尊重学生的个体差异，为不同学习风格和能力水平的学生提供多样化的学习支持和指导，帮助他们找到适合自己的学习方式和节奏。同时，教师还应该注重学科内容的横向联系和纵向延伸，引导学生在不同学科领域之间建立起有机联系，形成综合运用知识的能力。

面对高年级学生日益增长的自主意识和批判性思维，教师在教学内容呈现时还需要注重培养学生的元认知能力。所谓元认知，就是个体对自身认知过程和认知结果的认知，以及对认知过程的监控和调节。具备良好元认知能力的学生，能够客观评估自己的学习状况，调整学习策略，不断优化学习过程。为此，教师可以在教学中设置一些反思性问题，引导学生反思自己的学习方式和学习效果，找出存在的不足，并积极寻求改进之道。

从更高的层面来看，优化高年级学生的教学内容呈现，既是提升教学质量的必然要求，也是促进学生全面发展的内在需要。只有不断创新教学理念，改进教学方法，才能真正发挥教学的育人功能，帮助学生形成正确的世界观、人生观和价值观。在这一过程中，教师要始终坚持以学生发展为本，以素质培养为核心，努力营造民主、平等、互助的师生关系和课堂氛围，为学生的健康成长提供良好的教育环境和条件。

第三节　基于核心素养的中小学英语教学过程设计

一、基于核心素养的中小学英语课堂教学活动设计

(一)情境化教学活动设计

情境化教学活动设计是基于核心素养的中小学英语教学改革的重要内容。它强调在真实或模拟的语言情境中开展教学，通过创设与学生生活经验相联系的情境，激发学生的学习兴趣，提高其语言运用能力。情境化教学活动能够帮助学生在具体情境中理解和内化语言知识，培养语言思维，提升语言综合运用能力。

在情境化教学活动设计中，教师需要根据教学内容和学生特点，精心创设贴近学生生活、富有吸引力的教学情境。这些情境可以是日常生活场景，如购物、就餐、旅游等；也可以是学生感兴趣的社会话题，如环保、科技、文化等。教师要善于利用多媒体技术、实物道具等辅助手段，营造身临其境的学习氛围，调动学生的感官体验。同时，教师还要合理设计教学活动，引导学生在这些情境中主动参与、积极思考，通过自主探究、合作交流等方式，提高语言运用能力。

以模拟购物情境为例，教师可以将教室布置成超市，学生扮演售货员和顾客，进行商品询问、价格讨论、支付结算等互动。在这一过程中，学生不仅能够运用所学词汇、句型进行真实交际，还能培养人际交往能力和解决问题的能力。另外，教师可以创设环保主题情境，引导学生讨论环境污染、节能减排等话题，鼓励学生用英语阐述自己的观点，提出解决问题的建议。这不仅能够提高学生的英语表达能力，还能够培养其批判性思维和社会责任感。

(二)任务型教学活动设计

任务型教学活动设计是实现英语学科核心素养的关键路径之一，它强调以真实情境为基础，围绕具体任务展开教学，引导学生在“做中学”的过程中掌握语言知识，提升语言运用能力。这种教学模式不仅能够激发学生的学习兴趣，调动其主动性和创造性，更有利于培养学生分析问题、解决问题的能力，促进其批判性思维和创新意识的发展。

在设计任务型教学活动时，教师需要根据教学目标和学生特点，精心选择或

创设富有挑战性和吸引力的任务情境。这些情境应该贴近学生的生活实际，与其认知水平相适应，能够引发其探究欲望和求知动机。例如，在学习“旅游”话题时，教师可以设计一个“策划毕业旅行”的任务，要求学生分组讨论旅行目的地、行程安排、注意事项等，并以英语形式展示策划方案。这样的任务不仅与学生的生活经验密切相关，还融入了丰富的语言交际环节，有助于提高学生运用英语的综合能力。

在设计任务型教学活动时，教师需要合理设置任务的难度梯度，为学生提供递进式的语言学习体验。一个完整的任务型活动往往包含了从简单到复杂、从封闭到开放的多个环节。教师应该根据学生的语言水平和接受能力，循序渐进地引导其掌握相关知识技能，逐步提升任务挑战的难度。例如，在开展“模拟职场面试”的活动时，教师可以先帮助学生熟悉面试的常用词汇和句型，然后指导其编写个人简历，练习自我介绍，最后模拟真实面试场景进行对话交流。这种层层深入的活动设计，既考虑了语言知识的系统性，又兼顾了语言运用能力的培养，能够帮助学生在完成任务的过程中实现能力的突破与提升。

在设计任务型教学活动时，应重视合作学习和体验学习的理念。语言学习从来不是一个孤立的过程，而是需要在社会交互中实现的。因此，教师应积极创设小组合作、角色扮演等互动情境，鼓励学生通过协商、讨论等方式共同完成任务。在这一过程中，学生不仅能够相互启发、共同进步，还能够体验语言交流的乐趣，增强合作意识和表达自信。例如，在开展“制作英语微电影”的活动时，教师可以引导学生分工协作，从选题、写作到表演、拍摄，发挥各自的特长，共同创作出优秀的作品。这种沉浸式的体验学习，能够调动学生多感官参与，使其在情境中感悟语言的魅力，积累宝贵的学习经验。

(三)游戏化教学活动设计

游戏化教学活动设计是一种将游戏元素和机制融入教学过程的创新方式，旨在增强学习的趣味性和互动性，提高学生的学习动机和参与度。在英语教学中引入游戏化设计，能够营造轻松愉悦的学习氛围，激发学生主动学习的热情，帮助其更好地掌握语言知识和技能。

游戏化教学活动设计应遵循科学性、趣味性、教育性相统一的原则。

首先，教师要根据教学目标和学生特点，精心设计游戏情境和规则，确保游戏内容与教学内容紧密结合，符合学生认知发展水平。

其次，游戏形式要丰富多样，既有竞争类游戏，也有合作类游戏；既有线上游戏，也有线下游戏；既有语言类游戏，也有动作类游戏。这样有助于满足不同学生的需求，调动全体学生的积极性。

最后，游戏难度要适中，既要具有一定的挑战性，又不能太难而打击学生的自信心。教师可以设置不同难度的游戏关卡，鼓励学生努力攻关，体验成功的喜悦。

在具体的游戏化教学活动设计中，可以借鉴一些成熟的游戏模式，如角色扮演、探险解密、闯关夺宝等。例如，在学习"动物"主题时，教师可以设计一个"动物园探险"的游戏，由学生扮演小小探险家，通过完成一系列任务（如听音辨别动物、用英语描述动物特征、动物配对等）来获得线索，最终找到隐藏的宝藏。在这个过程中，学生不仅复习了与动物相关的词汇，还训练了听说能力，培养了团队协作意识。

教师还可以将游戏化元素融入日常的教学活动中，增加课堂的趣味性和互动性。比如，在单词识记环节，可以开展"单词接龙"游戏，学生根据音素头尾相接进行单词拼接，以速度与数量赢得胜利。在语法练习时，可以设计"语法大作战"游戏，学生通过答题打怪兽，巩固所学语法知识。在听力训练中，则可以开展"寻宝听力秀"游戏，设置不同主题情境，收听对话或材料后完成指定任务找到宝藏。这些游戏化形式不仅活跃了课堂气氛，还强化了学生的语言应用能力。

（四）合作学习活动设计

合作学习活动设计是一种以小组为单位、强调学生之间互动的教学策略。在英语课堂教学中，合理设计合作学习活动，能够激发学生的学习兴趣，培养其语言交际能力和团队协作意识。然而，要真正发挥合作学习的优势，实现预期的教学目标，教师必须深入理解其内在规律，精心设计教学活动，为学生营造良好的学习氛围。

从认知层面来看，合作学习活动设计应当立足学生的语言能力和认知特点。教师要根据教学内容的难度，合理划分学习小组，让不同层次的学生相互帮助、共同进步。同时，教师还要为小组合作提供明确的任务指引和评价标准，引导学生在互动中构建知识体系、提升语言技能。例如，在阅读教学中，教师可以先由学生自主阅读文章，然后要求小组成员交流感悟，探讨文章主旨。在这一过程中，学生不仅能够加深对文章内容的理解，还能够学会倾听他人观点，表达自己的看法，在碰撞交流中实现认知升华。

从情感态度层面来看，合作学习活动设计应当注重营造积极向上、互帮互助的学习氛围。在小组合作中，学生不仅是知识的学习者，更是情感的参与者。因此，教师要引导学生树立平等、包容的合作意识，学会欣赏他人的长处，尊重不同的观点。同时，教师还要鼓励学生敢于表达、乐于分享，让每一个学生都能感受到集体的温暖和接纳。例如，在口语教学中，教师可以设计角色扮演、小组讨论等互动活动，让学生在轻松愉悦的氛围中练习语言表达。在这一过程中，学生能够体验到交流的乐趣，建立自信心和成就感，逐步克服语言交际的畏难情绪。

从能力拓展层面来看，合作学习活动设计应当着眼于培养学生的综合素养和创新能力。在信息时代，英语已不再是单纯的语言工具，更是文化交流、思维碰撞的载体。因此，教师要充分利用合作学习这一平台，引导学生在小组互动中拓宽文化视野，激发批判性思维，展现创造性潜能。例如，在写作教学中，教师可以布置开放性的写作任务，要求小组成员集思广益、协力完成。在这一过程中，学生能够学会从多角度分析问题，用创新性思路解决难题，在与他人的思想交锋中实现自我突破和超越。

二、基于核心素养的中小学英语课堂互动模式设计

（一）师生互动模式设计

师生互动模式是实现英语学科核心素养有效融入英语教学的关键路径之一。在核心素养理念的引领下，传统的以教师为中心、以知识传授为主的互动方式已经难以满足新时代英语教学的需求。因此，创新师生互动模式，激发学生学习兴趣，调动其学习主动性和创造性，已经成为英语教育工作者的共识和努力方向。

1.构建平等、民主、和谐的师生关系

在英语课堂教学中，教师应真正尊重学生的主体地位，营造轻松、愉悦的学习氛围。通过亲切、平等的态度，教师可以拉近与学生之间的心理距离，建立起相互信任、相互理解的良好关系。在这种关系中，学生能够放下戒备，敞开心扉，自由表达自己的想法和疑惑。同时，教师也能够全面了解学生的学习状况和认知特点，有针对性地开展教学活动。

2.创设真实情境，开展丰富多彩的互动活动

在英语教学中，教师应根据教学内容和学生特点，精心设计各种互动活动，如角色扮演、小组讨论、情景对话等。这些活动不仅能够激发学生的学习兴趣，调动

其表达和交流的积极性，更能够为学生提供运用语言的真实情境。在真实情境中，学生能够切身体验语言的魅力，感受跨文化交际的乐趣。同时，丰富多彩的互动活动也有利于学生语言综合运用能力的提高，使其在“学中做、做中学”的过程中，内化语言知识，强化语言技能。

3. 巧妙运用现代信息技术，拓展师生互动的时空维度

随着信息技术的迅猛发展，传统课堂的时空限制正在被打破。教师可以利用网络平台，构建起课前、课中、课后全方位的师生互动体系。例如，教师可以在课前通过网络平台布置预习任务，引导学生自主探究；在课中通过移动终端开展实时互动，及时了解学生的学习状态；在课后通过在线交流，解答学生疑惑，拓展学习内容。这种跨时空的师生互动，不仅能够最大限度地利用教学时间，提高教学效率，更能够充分尊重学生的个体差异，实现因材施教、个性化教学。

（二）生生互动模式设计

生生互动是课堂教学中不可或缺的重要环节，它能够促进学生之间的交流与合作，激发学习热情，提高学习效率。在核心素养视域下，生生互动的设计应着眼于培养学生的语言能力、思维品质、学习能力等关键要素。教师需要精心设计互动活动，为学生搭建平等、友善的交流平台，引导他们在协作中学习，在讨论中成长。

1. 有效的生生互动应基于学生的认知水平和学习需求

教师要充分了解学情，针对不同学生的特点设计差异化的互动任务。对于语言基础较弱的学生，可以设置一些简单的语言交流活动，如问候、自我介绍等，帮助他们建立信心，逐步适应英语交流环境。而对于语言能力较强的学生，则可以组织一些高阶思维的讨论活动，如辩论、评述等，挑战他们的思维极限，提高他们的批判性思维能力。

2. 生生互动的形式应该多样化、灵活性

除传统的小组讨论、角色扮演等常见形式外，教师还可以引入一些新颖的互动方式，如英语角、英语沙龙、英语情景剧等。这些活动不仅能够为学生创造沉浸式的语言环境，还能够激发他们的想象力和创造力。同时，教师要注重将互动活动与教学内容紧密结合，使其成为课堂教学的有机组成部分，而不是独立于教学

之外的附加活动。

3.生生互动的评价应该注重过程性和发展性

教师不仅要关注学生在互动中的语言表现,更要关注他们在合作、交流、思辨等方面的进步。评价方式应该多元化,可以采用教师评价、学生自评、学生互评等多种形式,全面、客观地反映学生的表现。同时,评价结果应及时反馈给学生,帮助他们认识自身的优势和不足,明确努力方向,促进他们在互动中不断进步、持续发展。

(三)人机互动模式设计

在核心素养理念的指引下,人机互动模式设计已成为基于核心素养的中小学英语教学设计的重要内容。随着人工智能技术的飞速发展,智能教育助手、虚拟现实、增强现实等新兴技术正逐步融入英语教学,为学生营造出身临其境的语言学习环境,激发其学习兴趣,提升学习效果。然而,如何科学、合理地设计人机互动模式,实现人工智能与英语教学的深度融合,仍是一个值得深入探讨的话题。

人机互动模式设计的核心在于突出学生的主体地位,充分发挥人工智能的优势,实现二者的优势互补和协同发展。一方面,教师要基于学情分析和教学目标,精心设计教学活动和任务,为学生提供丰富多样的语言实践机会。另一方面,教师要合理选择和应用人工智能技术,创设逼真的语言情境,为学生提供个性化的学习支持和即时反馈。例如,教师可以利用虚拟现实技术,让学生"走进"英语国家的街道、博物馆、学校等场景,与虚拟人物进行对话互动,在沉浸式体验中习得语言知识和文化内涵。又如,教师可以借助智能教育助手,为学生提供个性化的听说训练和写作指导,实时纠正其语音、语调和语法错误,帮助其突破学习障碍,提高语言运用能力。

在人机互动模式设计中,教师要注重培养学生的语言能力、文化意识、思维品质和学习能力等核心素养。通过精心设计的人机互动活动,学生不仅能够获得听、说、读、写等语言技能的训练,提升语言交际能力;还能够感知中西方文化之间的差异,增强跨文化交际意识;同时,学生在分析问题、解决问题、评价反思的过程中,批判性和创新性思维能力也能得到锻炼和提升。此外,人机互动模式设计还有利于培养学生的自主学习能力、信息素养和团队协作能力。学生在与人工智能系统互动的过程中,需要自主地控制学习进度,选择学习内容和方式,这无疑能够增强其自主学习意识和能力。而在协作性的人机互动任务中,学生还需要与同伴积极沟通，发挥各自特长，共同完成任务，从而提高其团队协作能力。

三、基于核心素养的中小学英语课外延伸活动设计

(一)英语角活动设计

英语角活动作为课外延伸活动的重要组成部分，在培养学生英语学科核心素养、提升英语综合应用能力方面发挥着不可替代的作用。英语角活动的设计应立足学生的实际需求，着眼于创设真实、自然的语言环境，激发学生运用英语交流的兴趣和热情。同时，英语角活动还应体现出多样性、互动性和实践性的特点，为学生提供丰富多彩的参与方式和广阔的语言实践空间。

从主题设置的角度来看，英语角活动应紧密结合学生的生活实际和兴趣爱好，选取贴近学生生活、富有时代特色的主题内容。例如，教师可以围绕热点时事、社会问题、文化交流等设计主题，引导学生运用英语表达自己的观点和看法，提高语言运用的灵活性和批判性思维能力。又如，教师可以结合传统节日、风土人情等文化元素，设计具有浓郁文化气息的主题活动，帮助学生了解中西方文化差异，提高跨文化交际意识和能力。

从活动形式的角度来看，英语角活动应突出互动性和参与性，为学生搭建平等、开放的交流平台。教师可以采用小组讨论、角色扮演、情景对话等多种互动方式，鼓励学生积极参与，大胆表达，在轻松愉悦的氛围中体验语言运用的乐趣。同时，教师还可以适当引入游戏、竞赛等趣味性元素，调动学生参与的积极性，增强英语角活动的吸引力和感染力。

从语言输出的角度来看，英语角活动应强调语言运用的真实性和连贯性。教师应鼓励学生围绕特定情景，运用已学语言知识进行连贯表达，加深对语言知识的理解和内化。在活动中，教师还应关注学生在语言运用中存在的问题，适时给予指导和反馈，帮助学生提高语言运用的准确性和得体性。此外，教师还可以引导学生利用多媒体、网络资源等，拓宽语言输入渠道，为语言输出提供更多素材和支撑。

从语言习得的角度来看，英语角活动应体现出实践性和应用性。英语角活动不仅仅是一种语言操练的形式，更是一个将语言知识转化为语言运用能力的过程。在活动中，学生通过亲身参与和体验，在实际语境中感受语言的运用规律，加深对语言知识的理解和掌握。同时，英语角活动还为学生提供了展示自我、锻炼

胆量的机会，有助于提高学生的自信心和表现力。

（二）英语竞赛活动设计

从知识与能力维度来看，英语竞赛活动设计应充分考虑学生的语言基础和认知水平，合理设置竞赛内容和难度梯度。通过富有创意、贴近生活的主题情境，引导学生在语言实践中学以致用，提升语言理解和表达能力。同时，竞赛活动还应融入听、说、读、写等语言技能的综合训练，强化学生在真实语境中运用语言的能力。创新的活动形式如英语情景剧、辩论赛、演讲比赛等，能够为学生提供展示语言技能的舞台，提高学生的自信心和表现力。

从过程与方法维度来看，英语竞赛活动设计应体现以学生为中心、注重过程体验的理念。学生的参与度和获得感是评判竞赛活动成败的关键。教师应充分调动学生的自主性，鼓励其主动参与竞赛主题的选择、活动规则的制定、评判标准的确立等环节。在竞赛过程中，教师还应引导学生合作探究、共同进步，体验团队协作的快乐。开放的活动设计如小组项目展示、自主命题演讲等，能够激发学生的创造潜能，培养其批判性和创新性思维。过程导向的评价方式，如档案袋评价、学生自评互评等，能够帮助学生全面审视自己的表现，调整学习策略，提高反思能力。

从情感态度与价值观维度来看，英语竞赛活动设计应彰显人文底蕴，引导学生感悟语言背后的文化内涵。中外文化的比较和碰撞，能够帮助学生树立文化自信，提升跨文化理解和包容性。将中华优秀传统文化元素融入英语竞赛，引导学生用英语讲好中国故事，能够增强学生的文化认同感，培养家国情怀。面向世界、心怀梦想的竞赛主题，能够帮助学生拓宽国际视野，深化对人类命运共同体的认识，树立正确的世界观和价值观。同时，英语竞赛活动还应渗透社会主义核心价值观教育，引导学生形成良好的道德品质和行为习惯。

除了注重学科素养的培养，英语竞赛活动设计还应体现学科育人内涵，关注学生全面而有个性地发展。在选材上，教师应广泛吸收优秀作品，拓宽学生的阅读视野，引导其感受语言的魅力。在形式上，教师应积极拓展校内外、线上线下资源，为学生提供展示自我、发现自我的机会。在评价上，教师应树立正确的教育价值取向，关注学生的进步和努力，鼓励其探索未知、挑战自我，从而成为更好的自己。

（三）英语文化活动设计

在英语教学中，教师应充分利用英语文化活动的育人功能，精心设计各类形式新颖、内容丰富的文化活动，为学生搭建亲身体验英语文化、提升跨文化交际能力的平台。这不仅有助于激发学生学习英语的兴趣和动力，更能促进其语言能力、文化意识、思维品质和学习能力的全面发展。

英语文化活动设计应遵循学生身心发展规律，契合其认知特点和兴趣需求。对于中小学生而言，游戏化、情境化的活动形式更容易引起共鸣，带来愉悦的体验感。教师可以创设贴近学生生活的文化情境，设计角色扮演、故事演绎、知识竞赛等互动性较强的活动，让学生在轻松愉快的氛围中感受异国文化的独特魅力。同时，活动内容应涵盖英语国家的历史、地理、艺术、民俗等多个维度，帮助学生形成立体化的文化理解。

除了课堂内的文化活动，教师还应鼓励学生走出课堂，参与丰富多彩的课外英语实践。组织英语俱乐部、英语沙龙、英语歌曲赏析会等主题活动，为学生提供展示英语才艺、交流文化见闻的舞台。开展英语国家文化考察、体验式学习等研学旅行活动，让学生沉浸式地感受异国风土人情。这些生动鲜活的课外活动不仅能满足学生探索未知文化的好奇心，更能拓宽其国际视野，增强其文化自信。

英语文化活动的教育价值还体现在对学生价值观的引领上，教师应充分挖掘英语国家文化中的优秀元素，如平等博爱、自由民主、科学创新等，引导学生在跨文化体验中感悟人类共通的价值理念。通过比较不同文化的异同，启发学生反思本土文化，增强文化认同感和民族自豪感。同时，教师还要引导学生以包容、开放的心态看待文化差异，培养其做世界公民的责任意识和参与全球性议题讨论的勇气。

（四）英语实践活动设计

英语实践活动在中小学英语教学中具有不可替代的重要作用，它能够将课堂所学知识与现实生活有机结合，为学生提供真实的语境，激发学习兴趣，培养语言运用能力。同时，丰富多彩的英语实践活动还有助于拓宽学生的视野，增强文化意识，提升综合素养。因此，在核心素养理念的引领下，教师应高度重视英语实践活动的设计，不断创新活动形式，优化活动内容，以期最大限度地发挥其育人功能。

英语实践活动的设计应紧密围绕英语学科核心素养，致力于培养学生的语言能力、文化意识、思维品质和学习能力。就语言能力而言，实践活动应为学生创设大量运用英语的机会，通过情景对话、角色扮演、英语演讲等形式，引导学生在实际交流中学以致用，提高听、说、读、写的综合语言运用能力。在文化意识方面，教师可以组织英语国家文化体验活动，如英式下午茶、美国传统节日庆祝等，帮助学生亲身感受异国文化，培养文化理解和包容的态度。此外，精心设计的英语实践活动还能锻炼学生的逻辑思维、创新意识和自主学习能力，如通过英语辩论、微课制作、研究性学习等，鼓励学生自主探究，勇于表达，提高思维品质。

要设计高质量的英语实践活动就需要教师深入研究课程标准，准确把握教学目标，同时关注学生的认知特点和兴趣需求。活动内容应与教学内容紧密联系，体现课程的延伸和拓展。形式设计上要力求创新，灵活运用信息技术手段，提高活动的吸引力和参与度。如利用网络平台开展英语微视频大赛，组织跨校英语口语电子剧场等，既能激发学生的学习热情，又能促进校际交流。评价机制上应突出过程性评价，重视学生在活动中的表现，及时给予鼓励与反馈，促进自我认知和持续改进。

第四章　核心素养视域下中小学英语教师教学方法与手段创新

第一节　核心素养视域下中小学英语教师教学方法创新

一、培养学生英语学科核心素养的教学方法创新

(一)语言建构法

语言建构法是培养学生英语学科核心素养的重要教学方法之一。它强调在教学过程中,教师应着重引导学生在语境中理解、运用语言,在语言实践中内化语言知识,提高语言运用能力。这一教学方法不仅有助于学生准确、得体地使用英语进行交际,更能促进其英语思维能力的发展,为其未来的学习、工作和生活奠定坚实的语言基础。

在语言建构教学中,教师应精心设计教学情境,为学生提供丰富、真实的语言输入。这些情境可以来源于日常生活、文学作品、社会热点等,要具有典型性、多样性和趣味性。通过沉浸式的语言体验,学生能够在特定语境下理解词汇、语法、语用等语言要素,领悟语言的内在规律。同时,情境化的语言学习还能激发学生的学习兴趣,调动其主动性和积极性,使其在轻松愉悦的氛围中习得语言知识。

在语言建构教学中,教师应引导学生在语言建构过程中积极思考,主动尝试。可以通过提问、讨论、辩论等互动方式,鼓励学生表达自己的观点,分享彼此的见解。在语言输出的过程中,学生不仅能够巩固、运用已有知识,还能够发现、修正语言错误,逐步提高语言表达的准确性、得体性和流畅性。长此以往,学生就能在语言建构中构建系统完整的英语知识体系,形成个性化的语言风格。

(二)文化理解法

英语作为一种语言,承载着丰富的文化内涵。语言与文化相互交融,相辅相成。因此,在英语教学中,教师不仅要传授语言知识和技能,更要引导学生深入理解语言背后的文化内涵,提高其跨文化交际能力和人文素养。这对于学生的全面

发展具有重要意义。

在实施文化理解法的过程中，教师要精心选择教学内容，突出文化主题。教材中往往蕴含着大量的文化信息，如风俗习惯、价值观念、思维方式等。教师要善于挖掘这些文化要素，将其作为教学的重点，引导学生主动探究、体验文化。例如，在学习介绍西方节日的课文时，教师可以引导学生比较中西方节日的异同，分析其背后的文化渊源，加深学生对不同文化的理解和尊重。

在实施文化理解法的过程中，教师要创设真实的文化情境，营造沉浸式的学习体验。语言的学习离不开真实的语境，文化的理解也需要身临其境地体验。教师可以利用多媒体技术，通过图片、视频、音频等形式，为学生营造身临其境的文化场景。例如，在学习英美饮食文化时，教师可以播放相关的纪录片或电影片段，让学生直观地感受异国饮食的独特魅力。同时，教师还可以组织课堂讨论、角色扮演等互动活动，鼓励学生亲身参与文化实践，在体验中加深学习理解。

在实施文化理解法的过程中，教师要引导学生进行跨文化对比，培养文化思辨能力。不同文化之间往往存在差异，甚至冲突。教师要引导学生客观分析不同文化的特点，辨析其中的异同，培养学生的批判性思维和文化思辨能力。例如，在学习中西方教育理念时，教师可以设计辩论活动，让学生分组讨论中西方教育的优劣，学会从多元视角看待文化问题。通过跨文化对比，学生能够更全面、更客观地认识不同文化，提高文化敏感性和包容性。

在实施文化理解法的过程中，教师要重视文化反思，引导学生形成正确的文化观。在理解和欣赏异域文化的同时，学生要学会反思本土文化，形成文化自觉。教师可以引导学生探讨不同文化之间的联系，思考文化交流互鉴的意义，树立开放包容、兼收并蓄的文化观。同时，教师还要引导学生坚定文化自信，传承优秀传统文化，在对话交流中展现中华文化的独特魅力。

二、提高学生英语学习兴趣的教学方法创新

（一）游戏化教学法

游戏化教学法是一种创新的教学方式，它将游戏的元素和机制引入教学过程中，以提高学生的学习兴趣和参与度。在英语教学中，游戏化教学法可以有效地激发学生的学习动机，培养其语言运用能力和跨文化交际意识。

从知识层面来看，游戏化教学法有助于学生更好地理解和掌握英语语言知

识。通过设计富有趣味性和挑战性的语言游戏，教师可以引导学生在轻松愉悦的氛围中学习单词、语法、句型等语言要素。例如，教师可以组织单词拼写比赛、语法填空游戏、情景对话演练等，让学生在游戏中巩固语言知识，提高语言运用的准确性和流畅性。同时，游戏化教学还能拓宽学生的文化视野，增强其跨文化交际意识。教师可以设计与英语国家文化相关的游戏，如角色扮演、文化知识问答等，帮助学生了解异国文化，体验不同文化背景下的语言交流。

从能力层面来看，游戏化教学法是培养学生英语学科核心素养的有效途径。在游戏活动中，学生需要运用英语进行沟通合作、问题解决、创新思维等，这有利于其语言能力、思维品质、学习能力等核心素养的形成和提升。例如，教师可以组织英语辩论赛、情景剧表演、创意写作游戏等，鼓励学生用英语表达观点、交流思想、展现创意。在这一过程中，学生的批判性思维、协作能力、创新意识等都能得到锻炼和提高。游戏化教学还能促进学生自主学习能力的养成。教师可以利用数字化游戏平台，为学生提供个性化、智能化的学习资源和游戏任务，引导其自主探索、主动建构知识体系，逐步提升自学能力和学习效率。

从情感态度层面来看，游戏化教学法有利于营造轻松愉悦的课堂氛围，激发学生学习英语的兴趣和热情。在游戏活动中，学生能够获得乐趣和成就感，体验到学习英语的快乐，从而形成积极向上的学习态度和价值取向。同时，游戏化教学法还能增进师生之间、生生之间的互动交流，促进班级的凝聚力和向心力。学生在游戏中建立起友谊和信任，学会彼此欣赏、相互促进，形成积极健康的人际关系，为其身心发展奠定良好的基础。

游戏化教学法作为一种创新的教学模式，为英语教学注入了新的活力。它立足学生身心发展特点和认知规律，将游戏与教学巧妙结合，激发了学生学习英语的兴趣，增加了教学的趣味性和实效性。在游戏化教学中，学生是学习的主体，教师是学习的引导者和促进者，师生之间形成了平等互动、共同成长的关系。这种教学模式突破了传统的"满堂灌"和"死记硬背"的形式，让英语学习变得生动有趣、富有成就感，学生的综合语言运用能力和跨文化交际意识也得到了显著提高。

（二）任务驱动教学法

任务驱动教学法是一种以任务为中心、以学生为主体的教学方式，旨在通过设计真实、具有挑战性的任务情境，激发学生的学习兴趣和动机，引导其主动探索、积极思考，从而达成预设的教学目标。教师在英语教学中应用任务驱动教学法，不仅能够提高学生的语言运用能力，更能够培养其自主学习、合作探究的意识和习惯，使其成为学习的真正主人。

设计合理、富有吸引力的任务是实施任务驱动教学的关键。教师应根据教学内容和学生特点，精心设计与现实生活紧密相连、难度适中、形式多样的学习任务。这些任务应具有开放性和探究性，能够激发学生的好奇心和求知欲，引导其主动思考、动手实践。同时，任务还应具有针对性和递进性，既要契合单元教学目标，又要在难度上由浅入深、循序渐进，帮助学生逐步掌握语言知识，提高语言运用能力。

在任务驱动教学过程中，教师应充分发挥"导演"和"引导者"的角色。一方面，教师要为学生营造轻松愉悦、民主平等的学习氛围，鼓励其大胆质疑、勇于表达。另一方面，教师要及时把握学生的学习状态，适时提供必要的指导和帮助，引导其探索解决问题的策略和方法。在学生自主探究、合作完成任务的过程中，教师还应关注每一个学生的表现，给予积极的评价和鼓励，增强其自信心和成就感。

任务驱动教学法不仅能够调动学生学习英语的主动性，还能够促进其语言综合运用能力的提高。在完成任务的过程中，学生需要运用已有的语言知识，通过查阅资料、小组讨论、角色扮演等方式，解决实际问题。这一过程不仅能够巩固学生的语言基础，还能够拓宽其知识视野，提高其分析问题、解决问题的能力。同时，在与他人协作、交流的过程中，学生的沟通表达能力、团队合作意识也能得到锻炼和提高。

(三)合作探究教学法

合作探究是一种以小组合作为基础、以问题探究为核心的教学方法，它强调学生在教师的引导下，通过小组互动、讨论、探究等方式，主动构建知识，培养语言运用能力和思维品质。在英语教学中应用合作探究教学法，有助于营造民主、平等、和谐的课堂氛围，激发学生的学习兴趣和主动性，提高学生的英语综合素养。

合作探究教学法蕴含着丰富的教育理念和教学策略。

首先，它倡导教师要以学生为中心，尊重学生的个体差异和不同需求。教师不再是知识的权威和传播者，而是学习的组织者、引导者和合作者。学生则从被动接受知识转变为主动探索知识，在与他人互动中实现自我发展。

其次，合作探究教学法重视语言的实际应用和交际功能。学生通过小组合作完成各种语言任务，在真实语境中体验语言的运用，提高语言交际能力。

最后，合作探究教学法注重培养学生的批判性和创新性思维。学生在探究问题的过程中，要提出假设、收集证据、分析论证，这有助于发展其逻辑思辨能力和创新意识。

在英语教学实践中，教师要精心设计合作探究活动，为学生搭建语言实践和能力培养的平台。一方面，教师要根据教学内容和学生学习特点，提出具有一定挑战性的问题，引导学生开展探究。这些问题既能与学生的生活经验和认知水平相适应，又能拓展其思维空间。另一方面，教师要合理分组，促进学生之间的优势互补和资源共享。异质分组有利于学生在合作中取长补短，同质分组则便于因材施教。同时，教师还要明确每个学生在小组中的角色和任务，调动其参与的积极性。

合作探究活动的开展，离不开教师的及时指导和适度干预。教师要密切关注每个小组的探究进程，适时提供必要的学习支持和方法指导。当小组遇到困难时，教师要引导其尝试多种解决途径，而不是直接给出答案。当小组内出现分歧时，教师要鼓励其相互倾听、理性讨论，学会尊重差异、求同存异。在探究活动结束后，教师还应组织学生总结经验、反思不足，加深对知识的理解和运用。

三、促进学生英语自主学习能力的教学方法创新

（一）网络自主学习法

网络自主学习法是促进学生英语自主学习能力发展的重要途径。在互联网时代，网络技术以其开放性、互动性、共享性等特点，为学生英语自主学习提供了丰富的资源和广阔的平台。学生可以根据自身的学习需求和兴趣爱好，主动选择和利用网络资源，开展个性化、自主化的英语学习。这种学习方式突破了传统课堂教学的时空限制，使学生能够随时随地沉浸在英语语言环境中，实现学习方式的灵活转变和学习效率的显著提高。

网络自主学习法的实施需要教师的有效引导和学生的主动参与，教师应充分认识到网络技术在英语教学中的重要作用，积极探索利用网络平台开展教学的新方法、新模式。教师可以通过建立网络学习社区、开发网络学习课程等方式，为学生提供优质的学习资源和交互协作的机会。同时，教师还应该培养学生的网络学习素养和自主学习能力，引导学生合理规划学习进度，科学选择学习内容，养成良好的网络学习习惯。学生则要树立自主学习的意识，充分利用网络资源，制订个性化的学习计划，开展探究性学习和协作性学习，在学习过程中不断反思总结，提高自我监督和自我评价的能力。

网络自主学习法在英语学习中的应用形式多种多样。例如，学生可以利用在线英语学习平台，进行词汇记忆、语法练习、听力训练等基础学习；可以通过外语

学习社区，与其他学习者交流互动、切磋技艺；可以观看网上优秀的英语电影、电视剧、文学作品等，沉浸式地体验英语国家的语言文化；可以借助在线英语写作平台，提高英语写作能力；还可以通过网络视频会议工具，与外国友人开展跨文化交际实践。这些形式的网络英语学习，不仅能够拓宽学生的学习渠道，丰富学习内容，而且能够激发学生的学习兴趣，培养学生的自主学习能力，为学生的终身学习和发展奠定坚实的基础。

（二）学习方法指导法

在英语教学中，教师不仅要传授语言知识和技能，更要重视对学生学习方法的指导和培养。通过有针对性地引导学生掌握科学、有效的学习方法，教师能够帮助学生建立起自主学习的意识和能力，为其终身语言学习奠定坚实的基础。

在学习方法指导过程中，教师要深入了解学生的学习特点和需求。不同学生在认知风格、学习动机等方面存在着显著差异，这就要求教师采取因材施教的策略，为每一位学生提供个性化的指导。例如，对于学习主动性较低的学生，教师可以通过创设有趣的语境、开展游戏化教学等方式，激发其英语学习兴趣；而对于自控能力较弱的学生，教师则需要加强学习过程管理，帮助其养成良好的学习习惯。只有立足学情，才能使方法指导更加精准有效。

在学习方法指导过程中，教师要系统地向学生介绍各种英语学习方法及其运用方法。认知方法、元认知方法、情感方法等都是英语自主学习不可或缺的技巧和方法。教师应该通过讲解、示范等方式，使学生明确这些方法的内涵、作用和使用技巧。同时，教师还要引导学生反思自己的学习过程，总结方法运用的成败得失，不断改进个人的学习方式。

在方法指导的过程中，教师还应注重为学生创设运用方法的机会和情境。理论指导固然重要，但若缺乏实践应用的环节，学生对方法的掌握就可能流于表面和机械化。因此，教师要在听、说、读、写、译等各项语言技能训练中融入方法指导，引导学生学以致用。例如，在阅读教学中，教师可以明确要求学生运用预测、略读、细读等方法，引导其提升阅读效率和理解水平。这种情境化、任务驱动式的方法实践，能够帮助学生真正内化和灵活运用所学方法。

四、发展学生英语实践应用能力的教学方法创新

（一）项目式学习法

项目式学习法是一种以学生为中心、以项目为载体的教学方法，它通过引导

学生参与真实情境下的项目实践，培养其英语综合应用能力和跨学科解决问题的能力。在项目式学习中，学生需要运用英语知识，调动多方面技能，与他人合作完成具有挑战性的任务，在实践中强化语言运用、思维拓展、团队协作等关键能力。这种学习方式不仅能够激发学生的学习兴趣，调动其主动性和创造性，更能促进其综合素质的全面提升。

从知识层面来看，项目式学习法有助于加深学生对英语知识的理解和内化。在项目实施过程中，学生需要运用词汇、语法、语篇等多方面知识，分析材料，表达观点，撰写报告。这一系列环节为学生提供了大量语言实践的机会，使其在具体语境中感悟语言的运用规律，构建起系统完整的英语知识体系。同时，项目任务往往涉及跨学科内容，如科学、历史、文化等，这就要求学生拓宽视野，汲取多领域知识，形成广博的知识结构，为未来学习和发展奠定坚实的基础。

从能力层面来看，项目式学习法是培养学生英语学科核心素养的有效途径。在项目实践中，学生需要运用语言建构、文化理解、思维拓展、学习迁移等关键能力，分析问题、解决问题。这一过程不仅能够提升学生的语言运用能力，而且有利于其批判性思维、创新意识、自主学习能力的培养。通过参与开放性的探究活动，学生能够突破思维定式，提出新颖独特的见解，在与他人的交流碰撞中实现能力的迁移与拓展。由此可见，项目式学习对于学生英语综合能力的塑造具有重要意义。

从情感态度层面来看，项目式学习法有利于培养学生积极向上的学习态度和正确的价值观。在合作完成项目任务的过程中，学生能够体验到挑战与突破的快乐，增强学习英语的信心和兴趣。同时，项目式学习法强调团队协作，需要学生在沟通交流中学会倾听、表达、尊重、包容，形成积极的人际交往态度。更为重要的是，很多项目任务都聚焦于现实社会问题，如环境保护、文化差异等，引导学生关注人类共同面临的挑战，增强其社会责任感和使命担当意识。可以说，项目式学习法对学生正确价值观的形塑发挥着潜移默化的作用。

(二)情境模拟训练法

情境模拟训练法是发展学生英语实践应用能力的重要教学方法，教师通过创设逼真的语言环境，让学生在模拟情境中运用英语知识解决实际问题，从而增强语言运用能力和交际能力。这种教学方法不仅能提高学生的英语水平，更能培养其跨文化交际意识和能力，为未来走向国际舞台奠定基础。

在实施情境模拟训练时，教师需要精心设计教学情境，使其贴近学生生活实际，富有吸引力和挑战性。情境内容可以涵盖日常交流、职场应对、学术讨论等多个领域，激发学生的学习兴趣。但是，情境难度要适中，既要体现真实性，又要适合学生的语言水平，让其在现有知识基础上获得提高。

在训练过程中，教师要充分发挥引导作用，鼓励学生主动参与，大胆表达，以培养其语言交际的自信心。对于学生在表达中出现的错误，教师要及时纠正，但要注重方式方法，避免打击学生的积极性。教师还要引导学生注重语言的得体性，根据不同情境和对象，选择恰当的表达方式，提高语用能力。

第二节　核心素养视域下中小学英语教师教学手段创新

一、多媒体教学工具在中小学英语课堂中的应用

（一）多媒体教学工具的选择与评估

多媒体教学工具在现代中小学英语教学中扮演着越来越重要的角色。随着信息技术的飞速发展，各种多媒体教学资源和平台不断涌现，为英语教学注入了新的活力。然而，面对纷繁复杂的多媒体教学工具，教师如何进行科学地选择和评估，以最大限度地发挥其教学效能，是一个值得深入探讨的问题。

1. 考虑其与教学目标的契合度

教师应根据不同教学内容和教学阶段的需求，有针对性地选用多媒体工具。例如，在语音教学环节，教师可以利用语音识别和合成技术，为学生提供标准、规范的语音示范和实时纠错反馈；在语法教学环节，教师可以运用动画、图表等具象化手段，直观展示语法结构和规则，帮助学生理解和内化。通过精准匹配多媒体工具与教学目标，教师能够创设更加生动、高效的英语学习情境，激发学生的学习兴趣，提升教学效果。

2. 考虑其互动性和参与度

优秀的多媒体教学工具能够支持师生、生生之间的多向互动，为学生提供充分展示和练习的机会。例如，在英语口语教学中，教师可以利用在线视频会议系统，组织学生开展小组讨论、角色扮演等口语实践活动；在英语写作教学中，教师

可以借助协作写作平台，引导学生进行头脑风暴、合作撰写和相互评改。这些基于多媒体的互动性教学活动，不仅能够提高学生的参与度和投入度，还能够培养学生的语言交际能力、团队协作意识和批判性思维能力。

3.关注其实用性和可操作性

再先进的多媒体技术，如果脱离了教学实际，缺乏可操作性，也难以发挥其应有的作用。因此，教师在选择多媒体教学工具时，应充分考虑学校的硬件条件、学生的信息素养以及自身的技术水平，选择那些操作简便、稳定可靠、易于推广的工具。同时，教师还应注重多媒体教学工具的实际应用效果，通过调查问卷、访谈反馈等方式，及时了解学生的使用感受和学习效果，不断优化和改进多媒体教学方案，切实提高教学质量。

（二）多媒体教学工具在中小学英语教学各环节的应用

多媒体教学工具在中小学英语教学的各个环节中都发挥着重要作用。在课前预习阶段，教师可以利用多媒体制作生动形象的学习任务单，引导学生主动探索新知，为课堂教学做好铺垫。精心设计的多媒体学习任务能够激发学生的学习兴趣，帮助其建立对新知识的初步认知框架。

在课堂教学中，多媒体教学工具的应用更是不可或缺。

首先，多媒体可以为学生创设逼真的语言情境。通过播放有关英语国家的风土人情、文化习俗等视频资料，学生能够身临其境地感受英语的魅力，提高跨文化交际意识和能力。

其次，多媒体教学有助于化繁为简，直观呈现语法结构和词汇用法。教师可以利用动画、图表等形式，将抽象的语言知识具象化，降低学习难度，提高教学效率。

最后，在语言技能训练环节，多媒体教学也大有可为。例如，在听力训练中，教师可以利用多媒体设备播放各种口音、语速的听力材料，并辅以字幕、图片等，帮助学生准确理解语篇大意，掌握语言细节。在口语训练中，多媒体可以为学生提供丰富的话题素材和交际场景，引导其开展角色扮演、小组讨论等活动，提高语言运用能力。

在应用多媒体教学工具时，教师要把握适度原则，避免过度依赖多媒体而忽视了师生互动和生生互动。多媒体只是教学的辅助工具，其核心功能是为教学服务，而非取代教师的主导作用。教师要根据教学内容和学生特点，灵活选择合适的多媒体资源，并将其与传统教学方式有机结合，形成最佳教学组合，才能真正发挥多媒体教学工具的优势，提高英语教学质量。

二、移动学习平台在中小学英语教学中的整合与利用

(一)移动学习平台的功能与特点分析

移动学习平台凭借其独特的功能和特点，在中小学英语教学中展现出巨大的应用潜力。移动学习平台打破了传统课堂的时空限制，为学生提供了随时随地学习英语的机会。通过移动设备，学生可以在课余时间浏览英语学习资源，完成在线练习，与老师和同学互动交流。这种灵活便捷的学习方式，能够最大限度地利用学生的碎片化时间，提高学习效率。

移动学习平台具有海量的学习资源和个性化的学习体验，可以根据学生的学习行为和学习需求，推送个性化的学习内容和学习路径。学生可以根据自己的英语水平和学习风格，选择适合自己的学习材料和学习节奏。这种个性化的学习体验，能够充分尊重学生的个体差异，激发学生的学习兴趣和学习动机。

移动学习平台能够提供丰富多样的学习活动和交互方式，学生可以通过移动设备参与英语角色扮演、情景对话、小组合作等互动性强的学习活动。这些活动不仅能够提高学生英语的听、说、读、写等能力，还能够培养学生的合作意识和创新精神。同时，移动学习平台还支持师生、生生之间的即时交流和反馈。学生可以随时与老师沟通学习中遇到的问题，获得及时的指导和帮助。这种便捷高效的交互方式，能够增进师生之间的情感，营造良好的英语学习氛围。

移动学习平台还能够实现学习过程的可视化和对学习效果的即时评估，通过数据分析和可视化呈现，学生可以清晰地了解自己的学习进度、学习成果和薄弱环节。这种实时反馈机制，能够帮助学生及时调整学习方法，克服学习困难。同时，教师也可以通过平台数据掌握每个学生的学习状况，有针对性地开展个性化辅导和课堂教学，从而提高教学的精准度和有效性。

(二)移动学习平台与中小学英语教学的整合策略

在移动互联网时代，学生获取知识的方式日益多样化，传统的课堂教学已无法完全满足学生个性化、碎片化的学习需求。移动学习平台恰恰弥补了这一不足，为学生提供了丰富的学习资源和灵活的学习方式，使其能够随时随地开展英

语学习。因此，如何将移动学习平台有效整合到中小学英语教学中，已经成为教育工作者亟待解决的重要课题。

整合移动学习平台，需要教师充分发挥其独特优势，与传统教学形成互补。移动学习平台最大的特点是突破了时空限制，学生可以利用碎片化时间开展个性化学习。教师应充分利用这一优势，精心设计线上学习内容，包括微课视频、在线练习、互动讨论等，引导学生课后巩固和拓展所学知识。同时，教师还应关注学生在线学习数据，及时掌握其学习进度和学习效果，据此优化课堂教学设计，实现线上线下教学的有机结合。

整合移动学习平台要注意发挥学生的主体作用，培养其自主学习能力。移动学习平台为学生提供了海量的学习资源，但如何选择适合自己的内容，如何制订科学的学习计划，对于学生而言具有挑战性。为此，教师应加强学习方法指导，帮助学生树立正确的学习观念，掌握有效的学习方法。例如，教师可以引导学生利用思维导图整理知识，利用错题本分析错误原因，利用学习日志反思学习过程。通过这些策略，学生能够逐步提高自主学习的意识和能力，成为移动学习的真正主人。

（三）移动学习平台在中小学英语教学中的应用

在移动学习平台中，教师可以根据教学目标和学生特点，精心设计教学活动，引导学生主动探索、合作交流，提高学习效率。同时，移动学习平台还能够实时记录学生的学习行为和学习效果，为教师调整教学策略、优化教学方案提供数据支持。

从教学内容来看，移动学习平台能够有效拓展英语教学的广度和深度。教师可以利用平台提供的海量资源，为学生推送与课堂教学相关的背景知识、文化信息，帮助其建立完整的知识体系。此外，平台上还有大量真实的语言材料，如英文原著、英语新闻、英语演讲等，学生可以在真实语境中感受语言的魅力，提高语言应用能力。移动学习平台还能激发学生的学习兴趣，培养其自主学习能力。在平台上，学生可以根据自己的学习需求和节奏，选择合适的学习内容和学习路径。通过参与互动游戏、在线测试等活动，学生能够及时获得反馈，调整学习策略。这种自主、个性化的学习方式，不仅能够提高学生的学习效率，更能培养其主动学习的意识和能力。

在应用移动学习平台进行英语教学时，教师要发挥好引导者和组织者的角色作用。一方面，教师要精心设计教学活动，合理利用平台资源，确保教学活动的针对性和实效性。另一方面，教师还要加强过程管理和质量监控，及时了解学生的学习情况，给予必要的指导和帮助。只有教师与平台深度融合、优势互补，才能真正实现移动学习平台在英语教学中的价值。

三、虚拟现实技术在中小学英语情境教学中的应用

(一)虚拟现实技术构建中小学英语情境的可行性分析

虚拟现实技术是计算机技术发展的产物，其突出特点是能够营造逼真的视听效果，让用户沉浸在虚拟的三维环境中，获得身临其境的感受。随着虚拟现实技术的不断成熟和普及，其在教育领域的应用前景日渐广阔。在中小学英语教学中引入虚拟现实技术，能够为学生创设身临其境的语言学习环境，激发学习兴趣，提高学习效果。

从认知心理学的角度来看，虚拟现实技术能够为学生提供丰富的感官刺激，调动多种感觉器官参与学习过程，有利于建构主义学习理论的应用。通过虚拟现实技术营造的仿真场景，学生能够在近乎真实的语境中学习和运用英语，加深对语言知识的理解和记忆。同时，虚拟现实还能激发学生的探索欲望，引导其主动参与语言实践活动，在充满趣味性的体验中潜移默化地习得语言技能。

从教学内容设计的角度来看，虚拟现实技术为英语教学素材的选择和呈现提供了更多可能。教师可以利用虚拟现实平台，为学生创设与教学内容相匹配的虚拟场景，如虚拟的街道、商店、机场等，让学生在仿真环境中进行语言交流和操练。这种沉浸式、交互式的学习方式，能够调动学生的多种感官，增强学习的直观性和参与感，提高学生语言输入的效果。

从教学组织形式的角度来看，虚拟现实技术能够拓展英语课堂教学的时空范围，实现线上线下混合式教学。教师可以利用虚拟现实平台，为学生提供课后的语言实践机会，延伸课堂教学的时间和空间。学生可以利用碎片化时间，随时随地进入虚拟场景进行语言练习，突破了传统课堂教学的局限性。这种泛在化的学习方式，能够最大限度地增加学生接触和使用英语的机会，提高学生语言习得的效率。

(二)虚拟现实技术支持下的中小学英语情境教学设计

虚拟现实技术以其沉浸感、交互性和构想性的独特优势，为中小学英语情境教学提供了新的可能。在虚拟现实环境中，学生可以置身于逼真的英语语言情

境，与虚拟人物进行交互，参与各种语言实践活动。这种身临其境的体验能够有效激发学生的学习兴趣，提高其语言运用能力和跨文化交际意识。

1.教学需求分析

教师需要根据教学目标、学生特点、教学内容等因素，确定虚拟情境的主题、场景、任务等关键要素。例如，教师在教授日常对话时，可以设计虚拟的购物商场、餐厅、图书馆等场景；在训练语法时，可以创设虚拟的课堂、办公室、家庭等情境。需求分析是虚拟现实英语教学设计的基础，只有扎实开展调研，才能确保虚拟情境的针对性和实效性。

2.注重教学内容的选择与组织

一方面，教师要根据教学大纲和学情，精心挑选具有一定难度和挑战性的语言材料，如地道的语言表达、文化背景知识、跨文化交际方法等，引导学生在情境中学习和运用。

另一方面，教师还要合理安排教学内容的呈现顺序和方式，确保语言输入由易到难、由简到繁，循序渐进。同时，教师也要为学生提供丰富、多样的语言实践机会，设计开放性的交互任务，鼓励其运用语言知识进行探索和创造。

3.重视教学活动的策划与实施

首先，教师要根据教学内容和学生特点，设计形式多样、富有吸引力的教学活动，如角色扮演、情景模拟、任务解决等，调动学生的多种感官参与其中。

其次，教师要为学生提供必要的学习框架和引导，如情境导入、重点提示、及时反馈等，帮助其理解语言知识、把握语言技能。

最后，教师还要关注学生的情感体验和价值塑造，营造轻松愉悦、积极向上的学习氛围，引导其树立正确的语言观、文化观和价值观。

（三）中小学虚拟现实英语情境教学的实施

虚拟现实技术作为一种新兴的教学手段，为中小学英语情境教学提供了全新的实现路径。相较于传统的教学模式，虚拟现实技术能够营造仿佛身临其境的学习环境，激发学生的学习兴趣，提高教学效果。为了充分发挥虚拟现实技术的优势，教师在实施教学过程中需要采取科学合理的方法。

1. 教师应根据教学内容和学生特点，精心设计虚拟情境

虚拟情境的创设要符合英语学科的特点，体现语言学习的真实性和互动性。例如，在学习日常对话时，教师可以利用虚拟现实技术模拟超市购物、餐厅点餐等场景，让学生在仿真环境中进行角色扮演和对话练习。情境设计还要考虑到学生的认知水平和兴趣爱好，选取贴近学生生活、富有趣味性的素材，调动学生学习的积极性。

2. 教师要合理安排教学活动，引导学生在虚拟情境中进行探索和互动

教师可以设计一些开放性的任务，鼓励学生在虚拟环境中自主学习、合作探究。例如，教师可以创设一个虚拟的英国城市，让学生扮演游客，完成问路、乘车、参观等一系列任务。在此过程中，学生不仅能够练习英语听说技能，还能够培养解决问题的能力和跨文化交际意识。教师要充分发挥自己的引导作用，适时给予学生提示或反馈，帮助其克服学习困难，提高语言运用能力。

3. 教师要重视虚拟教学与课堂教学的有机结合，形成线上线下相互补充、相互促进的混合式教学模式

虚拟现实教学不能完全取代课堂面授，二者应该相辅相成、优势互补。教师可以利用虚拟现实技术进行情境导入、知识呈现等，激发学生的学习兴趣，培养语感；在课堂教学中，则要重点进行知识内化、语言输出等，加深学生对知识的理解和运用。同时，教师还要注重课后的延伸和拓展，鼓励学生利用虚拟现实平台进行自主学习和复习巩固，实现学习过程的延续和深化。

4. 学校要加强教师的信息技术培训，提升教师运用虚拟现实技术开展教学的能力

虚拟现实教学对教师的信息素养提出了更高要求，教师不仅要熟悉虚拟现实设备的操作，还要掌握情境设计、活动组织等方面的技能。学校应该定期开展教师培训，邀请专家学者讲解虚拟现实教学的理论与方法，组织教师观摩优秀课例，交流教学心得。同时，鼓励教师加强自主学习，利用网络平台学习前沿的教学理念和技术，不断更新知识结构，提高信息化教学能力。

四、大数据分析在中小学英语个性化教学中的应用

（一）大数据支持下的中小学英语学习者画像分析

随着教育信息化的不断深入，大数据技术在中小学英语教学中的应用日益广

泛。大数据既为精准刻画学习者画像提供了可能，也为个性化教学奠定了基础。以往，教师对学生的了解往往局限于其课堂表现和考试成绩，难以全面、深入地认识到每一位学生的学习特点、能力水平和发展潜力。而大数据则可以通过对海量教育数据的采集、存储和分析，为教师呈现出学生多维度、动态化的学习画像，帮助教师洞察学生的学习行为、认知规律和情感状态。

基于大数据的中小学英语学习者画像分析，需要从学习行为、学习能力、学习兴趣等多个维度入手。在学习行为维度方面，可以通过分析学生在线学习平台的访问频率、停留时间、互动情况等数据，了解学生的学习习惯和学习投入程度。例如，频繁访问英语学习网站、积极参与在线互动的学生，往往具有较强的学习自主性和积极性。在学习能力维度方面，可以通过分析学生的学业成绩、作业完成质量、测评结果等数据，评估学生的语言知识水平、语言技能发展状况。这些数据能够帮助教师及时发现学生在听、说、读、写等方面存在的优势和不足，从而有针对性地调整教学重点。在学习兴趣维度方面，可以通过分析学生选修课程类型、课外阅读偏好、话题讨论参与度等数据，挖掘学生的学习兴趣点和价值取向。对于学习兴趣浓厚的领域，教师可以提供更多的延伸学习资源，激发学生的潜能。

大数据支持下的中小学英语学习者画像分析，还应注重数据的综合运用和动态更新。单一维度的数据分析往往难以准确反映学生的全貌，教师需要将不同来源、不同类型的数据进行关联分析，挖掘数据背后隐藏的规律和现象。同时，学生的学习状况是不断变化的，昨天的优等生可能在今天遇到困难，今天的学困生也可能在明天迎来转机。因此，教师需要基于对实时数据流的分析，动态更新学生画像，及时调整教学方案。只有与时俱进、因材施教，才能为每一位学生提供最适合的学习支持和指导。

大数据支持下的中小学英语学习者画像分析，对教师的数据素养也提出了更高要求。教师不仅要掌握数据分析工具的使用方法，更要具备数据思维和问题意识，善于从纷繁复杂的数据中发现问题、分析问题、解决问题。这需要教师不断学习数据分析知识，提升数据解读能力，用数据的眼光审视教学的方方面面。只有教师成为数据的主人，才能真正将大数据的优势转化为教学的生产力，用数据点亮每一个学生的成长之路。

（二）基于大数据的中小学英语个性化学习路径设计

大数据时代的到来为个性化教育提供了前所未有的机遇。海量的学习行为数据既为精准刻画学生的个体特征提供了坚实基础，也为因材施教、个性化教学提供了数据支撑。在中小学英语教学领域,基于大数据的个性化学习路径设计正成为教学改革的新趋势和新方向。

基于大数据的个性化学习路径设计主要包括以下环节。

首先,教师需要收集学生在英语学习过程中产生的各类数据,如作业完成情况、课堂互动表现、在线学习行为等。这些数据来源丰富、形式多样,涵盖了学生学习的方方面面。

其次,教师要运用大数据分析技术,对收集到的海量数据进行清洗、整合和挖掘,探查学生个体在知识掌握、能力水平、学习态度等方面的差异,刻画出每个学生的学习画像。

再次,教师要根据学生的个体特征,为其设计个性化的学习路径。这既包括对学习内容的选择和呈现方式的优化,也包括学习进度的动态调整和学习策略的适时干预。

最后,教师还要持续跟踪学生的学习状态,依据其表现变化动态优化个性化学习方案,形成数据驱动、持续改进的学习生态。

大数据支持下的个性化学习路径设计为提升英语教学质量、促进学生英语能力发展带来了诸多裨益。一方面,它突破了"一刀切"教学的局限,从源头上解决了"教学难以适应学生差异"的问题。每个学生都能享受到"因材施教"的学习机会,获得匹配自身学习需求的教育资源和针对性指导。这既满足了学生的个性化需求,也最大限度地激发了学生的学习兴趣和潜能。另一方面,个性化学习路径为学生提供了自主学习、探索学习的平台。学生可以根据自身节奏安排学习进度,基于兴趣选择学习内容,通过数据反馈不断调整学习策略。在这一过程中,学生的自主学习能力、元认知能力等核心素养得到了有效培养。

(三)大数据驱动的中小学英语个性化教学干预策略

大数据时代的到来为中小学英语个性化教学带来了新的机遇和挑战。海量的教育数据为精准把握学生学情、实施个性化教学干预提供了坚实基础。通过对学生学习行为、学习效果等数据的采集和分析,教师能够更加全面、客观地了解每个学生的学习特点、知识掌握情况和学习困难,从而"因材施教",为不同学生提供针对性的学习支持和指导。

1.基于大数据的学情诊断与分析

教师可以利用学习平台记录的学生在线学习行为数据,如学习时长、学习频率、学习资源访问情况等，结合课堂表现、作业完成情况、测试成绩等线下数据，综合诊断学生的学习状态和存在的问题。通过数据挖掘和学习分析技术，教师能够发现学生学习过程中的薄弱环节和知识盲区，为后续个性化教学干预提供依据。

2.利用大数据优化学习路径和资源推送

在掌握学生的学情特点后，教师可以利用推荐系统算法，为不同学生规划个性化的学习路径，推送契合其学习需求和认知水平的学习资源。比如，对于基础薄弱的学生，教师可以重点推送巩固基础知识的微课视频和练习；对于学有余力的学生，则可以提供拓展阅读材料和挑战性任务，满足其进阶学习的需求。同时，学习资源的推送还应考虑到学生的学习风格和兴趣爱好，以提高其学习的针对性和趣味性。

3.借助大数据实现实时反馈和动态调整

在学生学习的过程中，教师应密切关注其学习数据的变化，通过数据可视化等手段直观呈现学生的学习进度和效果。一旦发现学生出现学习困难或进度滞后，教师要及时予以个性化的辅导和干预，动态调整教学方法和学习任务。比如，当学生某个知识点的掌握率普遍较低时，教师可以通过在线直播或录制微课的方式进行重点讲解；当学生完成某项任务后，教师应根据其表现给予个性化的反馈意见，并适时调整后续学习内容的难度，以保证学生学习的连贯性和递进性。

4.发挥大数据优势促进教学反思和优化

教师要善于利用数据分析结果反思自己的教学实践，总结教学优势和不足，探索行之有效的个性化教学模式。通过对历史教学数据和学情数据的深入挖掘，教师可以发现影响学生学习效果的关键因素，进而优化教学设计，改进教学方法，提升个性化教学的精准度和有效性。比如，教师可以对比分析不同教学方法下学生的学习表现，筛选出最佳实践案例；又如，教师可以利用数据挖掘技术预测学生可能遇到的学习困难，制定应对预案，实现精准教学和先期干预。

第五章　核心素养视域下中小学英语教师教学能力的提高路径

第一节　基于校本教研的中小学英语教师教学能力提高

一、校本教研的内涵与特点

(一)校本教研的概念界定

校本教研是教育教学界的一个重要概念,它指以学校为本位,由学校组织和开展的一种教研活动。校本教研以学校的实际情况和需求为出发点,以提高教师专业水平和教学质量为目标,通过教师的共同参与和协作,进行教学反思、研究和探索,从而实现教育教学的改进和创新。

校本教研具有鲜明的内涵特征。

首先,校本教研突出学校的主体地位。学校是校本教研的组织者、实施者和受益者,教研活动的内容、形式、进程都由学校根据自身实际情况自主决定。这种"校本位"的理念有利于调动学校的积极性和创造性,推动教研工作的有效开展。

其次,校本教研强调教师的主动参与。教师是教育教学的直接实施者,也是教研活动的主要参与者。校本教研鼓励教师结合自身教学实践,提出问题、分析问题、解决问题,在研究和探索中提升专业素养,改进教学工作。

最后,校本教研注重问题导向和实践导向。教研活动紧紧围绕学校教育教学中的实际问题展开,通过对问题的研究和探讨,寻求解决问题的策略和方法。同时,校本教研重视教研成果的实践应用,强调将研究所得运用到教学实践中,不断检验和完善。

(二)校本教研的主要特征

校本教研作为一种由学校自主组织和实施的教研活动,具有鲜明的特征。这些特征不仅体现了校本教研的独特内涵,更凸显了其在教师专业发展和学校教育质量提高中的重要作用。

首先,校本教研以学校为主体,能充分发挥学校的主动性和自主性。不同于传统自上而下的教研模式,校本教研由学校根据自身实际情况和发展需求,自主确定教研主题、设计教研方案、组织教研活动。这种自主性使得教研内容更加贴近学校实际,教研方式更加灵活多样,教研效果更加切合教师需求。学校成为教研活动的主体,调动了全体教师参与教研的积极性,激发了教师的主人翁意识和责任感。

其次,校本教研着眼于学校的整体发展,具有整体性和系统性的特点。校本教研不是孤立的教学改进活动,而是与学校的发展目标和办学理念紧密相连的系统工程。它从学校的整体利益出发,统筹兼顾各学科、各年级、各层面的教学需求,推动学校整体教育教学质量的提高。校本教研注重挖掘和整合校内外的教育资源,促进不同学科、不同领域的交流与融合,形成协同发展的合力。这种整体性和系统性使得校本教研成为学校可持续发展的内生动力。

再次,校本教研立足学校的特色和优势,彰显特色性和差异性。每所学校都有自己独特的办学历史、文化底蕴、师资力量和学生群体。校本教研正是基于学校的特色和优势,因地制宜地开展教研活动。它尊重学校的个性化发展需求,鼓励学校探索符合自身实际的教研模式和路径。这种特色性和差异性使得校本教研呈现出多样化的面貌,不同学校的教研活动各具特色,形成了百花齐放、百家争鸣的生动局面。

最后,校本教研注重教师对问题的反思和研究,具有反思性和研究性的特点。校本教研不仅仅是一种教学经验的分享和传授,更是一个教师反思和研究的过程。它引导教师立足教学实践,针对教学中的问题和困惑开展系统的反思和研究,提炼教学心得,总结教学规律。通过校本教研,教师的反思意识和研究能力可得到锻炼和提升,教学实践不断优化和改进。这种反思性和研究性既是教师专业成长的重要途径,也是学校可持续发展的重要保障。

(三)校本教研与传统教研的区别

校本教研作为一种基于学校和教师的教研模式,与传统的教研活动在内涵、形式和作用等方面都存在着显著差异。传统教研通常由教育行政部门或教研室组织,具有自上而下的特点,教研内容和形式相对固定,侧重于理论探讨和经验交流;而校本教研则立足学校实际,由学校自主发起和组织,针对教学中的实际问题开展研究,旨在提高教师的教学能力和教学质量。

从研究内容来看,传统教研往往围绕教材内容、教学方法等展开,重点关注学科知识的传授和课堂教学的优化。而校本教研则更加注重教师专业发展需求，关注学生的学习状况，研究内容更加多元化。教师可以根据自身教学实践中遇到的困惑和问题，选择感兴趣的主题开展研究，如课堂教学方法和形式、学生学习心理、课程资源开发等。这种源于教学一线的真问题研究，更加贴近教师的专业生活，能够激发教师的研究热情和探索欲望。

从研究方式来看，传统教研多采用会议讨论、专家讲座等形式，教师多为被动接受，缺乏互动交流和实践反思的机会。而校本教研强调教师的主体参与，鼓励教师通过小组协作、行动研究等方式，积极投入研究过程中。教师可以通过集体备课、说课、评课等活动，相互分享教学经验，探讨教学策略。同时，教师还可以通过课堂观察、学生访谈、教学反思等途径，深入分析教学过程，发现并解决问题。这种自主、互动、反思的研究方式，更加符合教师成人学习的特点，有利于提高教师的反思能力和研究能力。

从研究成果来看，传统教研成果多以会议纪要、论文发表等形式呈现，理论色彩浓厚，与一线教学实践联系不够紧密。而校本教研成果则更加注重经验提炼和智慧生成，强调成果的可操作性和可推广性。教师通过校本教研形成的经验做法、案例材料、反思日志等，都是宝贵的教育教学资源，对其他教师的专业成长具有借鉴意义。一些有价值的校本教研成果，还可以通过教学沙龙、经验交流会等形式向更大范围推广，扩大影响。

二、校本教研在中小学英语教师教学能力提升中的作用

(一)促进教师专业知识更新

校本教研为中小学英语教师专业知识的更新提供了重要平台和有效途径。在教研活动中，教师可以深入探讨英语学科的前沿动态，了解最新的教学理念和方法，拓宽自身的知识视野。通过集体备课、同课异构、教学反思等形式，教师能够及时发现和解决教学中存在的问题，不断优化和完善自己的教学方法。同时，校本教研还为教师搭建起交流和分享的桥梁，教师可以相互学习借鉴，取长补短，共同提高。

1. 校本教研有助于教师及时更新英语学科知识体系

语言是不断发展变化的，英语教学也需要与时俱进。通过参与教研活动，教

师能够跟进英语语言的最新发展，学习新词新语，了解英美文化的变迁，拓宽知识面。教研还能引导教师关注英语教学的前沿研究，学习国内外先进的教学理念和方法，如任务型教学法、合作学习法等，为自己的教学实践注入新的活力。只有与时俱进地更新知识，教师才能适应新课改的要求，满足学生日益增长的学习需求。

2. 校本教研为教师专业知识的更新提供了行之有效的路径

教研活动通常以教学问题为导向，围绕如何提高课堂教学质量、如何培养学生英语学科核心素养等主题展开。在集体备课环节，教师通过研读教材、分析学情，深入探讨教学内容的选择与组织、教学策略的设计与运用等问题，在讨论和辩证中加深对教材和学生的理解，完善自己的教学设计。在同课异构环节，教师通过观摩彼此的课堂教学，学习借鉴优秀教学经验，找出差距和不足，激发自身教学反思。在教学反思环节，教师通过撰写教学反思日志、开展述评议课等活动，系统总结教学得失，探讨改进教学方法，在反思中提升教学能力。校本教研基于教师的实际需求，聚焦课堂教学，为教师专业成长搭建了操作性强、针对性强的平台。

(二)丰富教师课堂教学技能

在教研活动中，教师可以通过集体备课、说课、评课等方式，相互学习先进的教学理念和方法，不断优化自己的课堂教学。集体备课是教师们共同研讨教学内容、设计教学环节的过程。在这一过程中，教师可以集思广益，分享彼此的教学经验和心得，探讨如何更好地组织课堂教学，激发学生的学习兴趣。通过集体备课，教师能够完善教学设计，提高课堂效率。

说课和评课是教师相互展示和评价课堂教学的重要形式，在说课环节，教师通过讲解自己的教学设计思路和课堂实施方案，接受其他教师的意见和建议。这有助于教师反思自己的教学行为，发现不足，改进教学。在评课环节，教师通过观摩他人的课堂教学，学习优秀教师的教学技巧和方法，找到自己在课堂教学中可以改进的地方。通过说课和评课，教师之间能够相互借鉴，取长补短，不断提升自己的课堂教学水平。

校本教研还为教师提供了开展教学研究的机会，教师可以根据自己的教学实践，提出研究课题，开展行动研究。在研究过程中，教师可以深入分析学生的学习特点和需求，探索有效的教学方法，改进课堂教学质量。通过教学研究，教师能够将理论与实践相结合，不断反思和优化自己的教学行为，提高教学效果。

校本教研还有利于促进教师之间的交流与合作，通过参与教研活动，教师之间可以建立密切的合作关系，相互支持，共同成长。这种良性的互动不仅能够创造出积极向上的教研氛围，还能够增强教师的归属感和团队意识，提高教师的职业幸福感。

(三)营造教师专业成长氛围

教师作为教育教学的主体，其专业发展水平直接影响着教学质量和学生的学习效果。因此，学校应高度重视营造有利于教师专业成长的环境和文化，激发教师的内生动力，促进其不断更新知识结构、提升教学技能、拓宽教育视野。

1.构建互助合作的教师团队

学校应打破学科壁垒，建立跨学科、跨年级的教师协作机制，鼓励英语教师与其他学科教师开展交流与合作。通过集体备课、说课、评课等活动，教师之间可以相互学习，取长补短，共同提高课堂教学水平。同时，学校还应支持教师成立各类教学研究组织，如教学沙龙、读书会、课题组等，为教师搭建专业对话和资源共享的平台。在协作互助中，教师能够感受到集体的力量，激发教学热情和创新意识。

2.搭建多元化的教师培训体系

学校应根据英语教师的专业发展需求，有针对性地开展各类校本培训活动。邀请教育专家、优秀教师开设讲座和工作坊，传授前沿理念和实践经验；组织教师外出参加培训和学术会议，拓宽视野，更新知识；开展校际交流和跨校研修，促进资源共享和经验借鉴。多样化、多层次的培训体系能够满足教师个性化的专业发展需求，为其提供持续学习和自我超越的机会。

3.营造尊重教师、激励创新的制度环境

学校应完善教师专业发展的激励机制，在绩效考核、职称评聘、评优表彰等方面充分体现教学工作的价值导向。建立健全教学能力提升的评价标准，将教学反思、课例研究、教学创新等纳入考核范畴，引导教师重视教学、研究教学、改进教学。同时，学校还应为教师搭建展示教学成果的舞台，定期开展教学竞赛、教学成果评选等，激励教师勇于创新，追求卓越。在尊重和激励中，教师的主人翁意识和责任感将不断增强。

4.为教师提供充足的自主权和话语权

学校应充分尊重教师在教学活动中的专业自主权，鼓励其根据学情和教学实际，灵活采用多样化的教学方法和手段。在集体教研和校本培训中，要更多地听取教师的意见和建议，发挥其主体作用，而非简单的“填鸭式”灌输。唯有让教师真正成为教学的主人，调动其参与教研、改进教学的主动性，教师的专业成长才能真正实现质的飞跃。

三、中小学英语校本教研活动的组织与实施策略

（一）明确校本教研的主题和目标

明确校本教研的主题和目标是开展中小学英语教师教学能力提升活动的重要前提。校本教研不同于传统的自上而下的教研模式，它强调从学校和教师的实际需求出发，围绕教学中的难点、重点问题开展研究。因此，在确定校本教研主题时，要充分考虑学校的办学特色、教师的专业发展需求以及学生的学情特点，选择切合实际、具有针对性的研究主题。

通过广泛听取教师意见、深入分析教学现状，学校可以确定诸如“提升学生英语口语交际能力的教学方法研究”“基于核心素养的英语课堂教学设计”等贴近教学实践的研究主题。选题应具有一定的前瞻性和创新性，从而引领教师探索英语教学的新思路、新方法。同时，研究主题也要与国家课程标准、教育发展规划等宏观政策相契合，体现时代性和前沿性。

在明确研究主题的基础上，校本教研还要设定明确的目标，为教研活动的开展指明方向。校本教研的目标应包括促进教师专业发展、提升课堂教学效率、改善学生学习体验等多个维度，并且要具有可操作性和可评估性。此外，校本教研目标的设定还要充分体现学校的办学理念和特色。学校可以从自身的优势学科、特色课程、教改项目等切入，将校本教研目标与学校发展目标相结合。例如，一所外语特色学校可以设定“开发体现学校特色的校本英语课程”这样的教研目标。目标设定要为广大教师所认可和接纳，充分调动他们参与教研的主动性和积极性。

（二）合理规划和设计校本教研活动

在核心素养视域下，英语教学已不再局限于语言知识和技能的传授，而是更

加注重对学生学科素养的培养。这就要求英语教师不仅要具备扎实的语言功底，还要掌握先进的教学理念和方法。校本教研恰恰为教师专业成长提供了有力支撑。通过系统化、常态化的校本教研活动，英语教师能够及时更新教育理念，改进教学策略，提高课堂教学效果。

1.制定明确的教研主题和目标是校本教研活动的首要环节

教研主题应紧密结合学校发展规划和教师专业发展需求，突出时代性和针对性。例如，学校可以围绕“提升学生英语学科核心素养”这一主题开展系列教研活动，引导教师深入研读课程标准，把握学科素养内涵，探索培养途径。在此基础上，还要进一步细化教研目标，使其具备可操作性。如“优化教学设计，突出学生主体地位”“创新课堂教学模式，提高学生英语应用能力”等，都是切实可行的教研目标。有了明确的主题和目标，教研活动才能沿着正确的方向持续深入。

2.校本教研活动的内容设计要全面覆盖英语教师专业发展的各个维度

首先，校本教研活动要加强英语学科知识的学习和更新。通过专家讲座、经验分享等形式，帮助教师及时了解英语教学前沿动态，拓宽学科视野。

其次，校本教研活动要聚焦课堂教学改进。

再次，校本教研活动要注重教学反思和研究。鼓励教师撰写教学反思日志、开展教学行动研究，在实践中发现问题、分析问题、解决问题，不断提高教研水平。

最后，校本教研活动还要关注教师的心理健康和职业规划。适时开展心理健康讲座、职业生涯辅导，激发教师的工作热情，增强职业幸福感。

3.灵活运用多样化的教研形式，能够增强校本教研活动的吸引力和有效性

传统的校本教研形式如集中培训、专题讲座等固然必不可少，但也要积极尝试一些新颖的教研方式。例如，开展教学沙龙，营造轻松愉悦的交流氛围；组织教学竞赛，以赛促学、以赛促教；搭建网络教研平台，实现资源共享、跨校互动。此外，校本教研还要注重校内外资源的整合。邀请区域内的骨干教师、学科带头人来校指导，开阔教师视野；组织教师走出去，到兄弟学校参观学习，促进经验交流。多元化的教研形式能够调动教师参与的积极性，满足不同教师的专业成长需求。

4.过程管理是保障校本教研活动质量的关键

学校要建立健全校本教研管理制度，明确管理职责，规范管理流程。在教研

活动开展前，要做好整体规划和方案设计，合理安排时间进度，提供必要的人力物力支持。在教研活动实施中，要加强过程管控和质量监测，及时发现和解决问题，确保教研活动有序推进。在教研活动结束后，要开展系统的总结评估，客观分析成效和不足，为后续教研提供决策参考。全过程、多环节的科学管理，能够保证校本教研活动不流于形式，切实发挥应有的作用。

（三）灵活运用多种校本教研形式

灵活运用多种校本教研形式是提升中小学英语教师教学能力的重要路径。传统的校本教研活动大多采用单一的形式，如集体备课、说课、评课等，这些形式虽然有助于教师间的经验交流和共同提高，但也存在一定局限性。随着信息技术的发展和教育理念的更新，教师专业发展的途径日益多元化。因此，在组织校本教研活动时，应根据不同教研主题和目标，创新设计丰富多样的教研形式，激发教师的参与热情，提高教研实效。

1. 案例研讨

教师通过分析和讨论典型教学案例，可以发现教学中存在的问题，探索行之有效的解决方法。在案例研讨过程中，教师不仅能够分享各自的教学经验和心得，还能够开阔教学视野，接触不同的教学思路和方法。这种案例研讨形式有利于教师深入反思自己的教学方式，不断优化和改进课堂教学。同时，案例研讨也为教师提供了相互学习、共同进步的平台，增进了教师间的沟通与合作。

2. 主题沙龙

主题沙龙通常围绕教师关注的热点问题或前沿话题展开，如核心素养培育、学科融合教学等。在主题沙龙活动中，教师可以自由交流彼此的观点和见解，分享教学实践中的体会和感悟。这种轻松自在的氛围有助于教师打破思维定式，激发创新灵感。通过主题沙龙，教师能够及时了解学科前沿动态，拓宽教育教学视野，进而优化自身的知识结构和教学理念。主题沙龙还能够增强教师的参与意识和主人翁精神，调动其参与教研的积极性。

3. 教学竞赛

开展教学设计、说课比赛等教学竞赛活动，能够调动教师参与教研的热情，激发其不断进取、追求卓越的动力。在备赛过程中，教师通常会投入大量时间和精力钻研教材、研习课标、优化教学设计，这无疑有助于其教学基本功的提高。而在竞赛过程中，教师则能够充分展示自己的教学风采，相互切磋教学技艺，取长补短。优秀教师的授课视频、说课实录也能够成为其他教师学习借鉴的宝贵资源。教学竞赛不仅能够促进教师教学水平的整体提高，还能树立教学标杆，发挥示范引领作用。

4.网络教研

运用网络平台开展异地协作备课、在线研讨、优质资源共享等活动，能够突破时空限制，拓宽教研途径。利用网络直播、慕课等形式，教师可以随时随地观摩优质课例，学习前沿理念，这为教师专业成长提供了便利条件。网络教研还有利于加强学校与学校、区域与区域之间的教研协作，实现优质教育资源的共建共享。教师通过网络平台参与跨校、跨区域的教研活动，能够开阔眼界、更新理念，对其教学能力的提升大有裨益。

四、校本教研与中小学英语教师专业发展协同促进

(一)统筹规划教师专业发展路径

统筹规划教师专业发展路径是提高中小学英语教师教学能力的关键举措。教师专业发展是一个动态、持续的过程，需要从整体上进行系统设计和长远谋划。学校应立足教师专业发展的内在规律，紧扣核心素养培育这一时代主题，为教师的可持续发展提供全方位支持。

1.学校应制定科学的教师专业发展规划

学校应基于自身发展目标和教师个人特点，制定切实可行的中长期规划和年度计划，明确教师专业发展的总体思路、重点任务和阶段目标。在规划制定过程中，要充分尊重教师的主体地位，鼓励教师参与，形成学校引领和教师自主相结合的良性互动。同时，还要注重规划的可操作性和灵活性，根据实施情况及时调整完善，确保专业发展活动有的放矢、行稳致远。

2.学校应创设多元化的教师专业发展路径

传统的教师培训模式难以满足教师专业成长的多样化需求，学校有必要拓宽

其发展渠道，丰富其成长方式。一方面，要整合校内外资源，为教师搭建学习交流平台。如组织教学观摩、经验分享会、专题研讨等，引导教师在实践中反思提升；邀请专家开展讲座、指导教研，帮助教师拓宽视野、更新理念。另一方面，要发挥信息技术优势，创新网络研修模式。依托在线课程、虚拟社区等，为教师提供个性化、泛在化的学习机会。

3.学校应健全教师专业发展的评价激励机制

科学合理的评价是推动教师持续进步的重要动力，学校要从发展性评价理念出发，构建多元评价指标体系，综合考查教师的专业素质和教学实践。学校要改变单一化、静态化的评价方式，通过课堂观察、教学反思、学生反馈等获取全面数据，客观评价教师专业发展状况。对于表现优异的教师，学校要给予充分的精神和物质奖励，增强教师的获得感和成就感，激发其不断进取的内生动力。

4.学校应着力营造尊重教师、理解教师的文化氛围

教师专业发展需要全校上下形成合力，共同打造沟通互信、宽容包容的人文环境。学校领导要坚持人本理念，关注教师所想所需，为其排忧解难；同事间要相互欣赏、彼此激励，在专业对话与合作探究中共同成长；学生和家长要给予教师充分信任，以开放心态看待教育教学改革。营造尊师重教的良好氛围，教师才能安心从教、静心研究，不断提升专业能力和人格魅力。

（二）建立教研与培训相互促进机制

从内容设计角度看，教研与培训的相互促进应着眼于教师的实际需求。一方面，教研活动要紧密结合教师在教学中遇到的困惑和问题，通过集体备课、说课、评课等形式，引导教师深入剖析教学难点，探讨有效的教学策略。另一方面，教师培训要立足教研成果，将教研过程中凝练出的经验做法、典型案例作为培训素材，帮助教师将理论与实践相融通。同时，培训还要为教研活动注入新的理念和动力，引导教师拓宽视野、更新观念，不断优化教研主题和方式方法。

从组织实施角度看，教研与培训的互促需要学校的统筹规划和制度保障。学校应将教研与培训纳入教师专业发展整体规划，明确相互促进机制的运行流程和管理要求。在教研方面，学校要为教师搭建多样化的教研平台，完善教研激励机制，调动教师参与的积极性。在培训方面，学校要优化培训资源配置，创新培训组织形式，提高培训的针对性和实效性。此外，学校还要加强教研与培训的过程管

理和质量监控，及时发现和解决实施中的问题，确保相互促进机制的有效运转。

从评价反馈角度看，教研与培训的相互促进需要建立科学的评价体系。评价不仅要关注教师参与教研和培训的数量与频次，更要注重实际效果。一方面，要客观评估教研活动对于解决教学问题、提高教学质量的作用，激励教师持续深入地开展教研。另一方面，要全面考查培训对于更新教师理念、优化教学实践的效果，引导培训工作持续改进。评价结果既要作为完善相互促进机制的依据，也要作为教师专业发展的参考内容，形成评价、反馈、改进的闭环。

(三)营造有利于教师成长的学校文化

营造有利于教师成长的学校文化，是促进中小学英语教师教学能力提升的关键举措。一个积极向上、包容创新的学校文化氛围，能够激发教师的内驱力，调动其主动性和创造性，推动其不断进步。学校文化应体现出对教师专业发展的高度重视，将教师成长纳入学校发展的战略规划，提供完善的制度保障和充足的资源支持。

从价值导向来看，学校文化应弘扬尊师重教的优良传统，树立教师的专业地位和社会形象，增强教师的职业认同感和自豪感。学校管理者应以身作则，率先垂范，用实际行动体现对教师专业发展的支持和鼓励。同时，学校文化还应倡导"教学相长"的理念，尊重教师的主体性，鼓励教师大胆探索、勇于创新，在教学实践中积累经验、提升能力。

从制度建设来看，学校应建立健全教师专业发展的长效机制，完善教师培训、教研活动、课题研究等制度，为教师搭建成长平台。这些制度不仅要"有名"，更要"有实"，切实落实到教师的日常工作中。例如，学校可以定期开展教学竞赛、优质课评选等活动，引导教师展示教学成果、交流教学心得，营造比学赶超的良性氛围。又如，学校可以设立专项资金，用以支持教师参加国内外学术会议、短期进修等，开阔教师视野，提升教师专业素养。

从资源配置来看，学校应为教师专业发展提供必要的物质保障和人力支持。一方面，学校要不断改善办学条件，为教师配备先进的教学设施和设备，如多媒体教室、语言实验室等，为教师创设良好的教学环境。另一方面，学校还应配备专业的教研员、教学督导等，为教师的教学实践提供及时、有效的指导和反馈。此外，学校还可以引进校外优质资源，聘请知名专家、学者来校讲学，为教师搭建与外界学习交流的桥梁。

从团队建设来看，学校应着力打造一支团结协作、携手奋进的教师团队。教师之间应加强沟通交流，相互启发、相互促进，共同提高。学校可以成立教研组、备课组等教师组织，定期开展集体备课、说课、评课等教研活动，促进教师之间的专业对话和经验分享。同时，学校还应注重发挥骨干教师的引领作用，通过师徒结对、以老带新等方式，发挥骨干教师的"传帮带"功能，带动青年教师快速成长。

第二节　基于教学反思的中小学英语教师教学能力提高

一、教学反思的内涵、重要性与意义

(一)教学反思的内涵

教学反思既是教师专业发展的重要途径，也是提高教学质量和教育教学水平的关键所在。所谓教学反思，是指教师对自己的教学活动进行系统地回顾、分析和评价，在此基础上不断改进教学工作，优化教学过程，从而实现自身专业素养和教学能力的持续提升。

深入理解教学反思的内涵，需要从多个维度进行把握。从认知维度来看，教学反思是一个复杂的思维过程，涉及教学活动各个环节的分析和评判。教师需要客观审视自己的教学理念、教学目标、教学内容、教学方法等，思考其合理性和科学性，发现并解决教学中存在的问题。这一过程不仅需要扎实的学科专业知识，还需要深厚的教育学、心理学素养，以及敏锐的观察力和分析力。

从情感维度来看，教学反思蕴含着教师对教育事业的热爱和责任心。真正的反思源于内心，以及对学生健康成长的关切，对教书育人使命的忠诚。这种发自内心的教育情怀，是教师不断反思和改进的动力源泉。没有对教育事业的执着追求，反思就可能会流于表面和形式化。

从实践维度来看，教学反思是教师专业成长的必由之路。通过反思，教师能够及时发现并纠正教学工作中的不足，不断优化和创新教学方式方法，从而实现教学相长。人的反思不是一蹴而就的，而是一个持续终身的过程。只有将反思内化为一种职业习惯和行为方式，教师才能真正实现专业能力的螺旋式上升。

(二)教学反思的重要性

教学反思对于中小学英语教师的专业成长具有重要意义。通过反思，教师能

够系统回顾和梳理教学过程，发现教学中存在的问题和不足，进而探索改进，优化教学方案。这一过程不仅有助于提升教师的教学能力和水平，更能深化其对教育教学规律的认识和把握。

从知识层面来看，教学反思能够帮助教师加深对英语学科知识的理解。在反思中，教师需要重新审视所教授的语言知识点，思考其内在逻辑和重、难点所在。这种深入思考有助于教师厘清知识体系，捕捉知识要点，从而更好地把握教材，组织教学。同时，教学反思还能促使教师及时更新知识结构，跟进学科前沿动态。在反思教学效果的过程中，教师往往会发现学生对某些新知识、新话题感兴趣，由此意识到拓宽知识视野的必要性，进而主动学习，丰富知识储备。可以说，教学反思为教师专业知识的积累和更新提供了重要契机。

从能力层面来看，教学反思是教师教学能力提升的助推器。通过反思，教师能够客观评价自身的教学表现，分析教学得失，寻找改进空间。这种自我评价和诊断的过程，本身就蕴含着对教学能力的锻炼和提升。在反思中，教师需要从备课、上课、课后辅导等各个环节入手，系统思考如何优化教学设计，改进教学方法，创设有利于学生学习的课堂情境。长此以往，教师的教学组织、实施等关键能力将得到切实提高。当然，教学反思对于培养教师驾驭课堂的智慧与经验也至关重要。那些精湛的教学技艺，往往源自教师在反复实践与反思中的领悟与总结。由此可见，在教学反思中，理论能与实践相互激荡，最终促成教学能力的螺旋式上升。

从情感态度层面来看，教学反思有助于教师树立科学的教学观念。在反思中，教师常常会自省：我的教学是否以学生为中心？是否调动了学生的积极性？是否关注到学生的个体差异？这些问题直指当前教育理念的核心所在。通过这种自我追问，教师能够及时校准教学思想，破除陈旧观念的束缚，树立以学生发展为本的教学信念。唯有秉持科学的教育理念，教师才能真正做到因材施教，潜心教书育人。与此同时，教学反思还能激发教师对教育事业的热爱，坚定其教书育人的决心。在反思中总结教学的点滴进步，见证学生的成长，教师必然会感受到教育工作的意义和价值，从而更加专注、投入，形成积极向上的职业情感。

（三）教学反思对中小学英语教师专业发展的意义

从理论层面来说，教学反思为教师提供了系统梳理和总结教学经验的机会。在反思过程中，教师可以深入思考教学目标、教学内容、教学方法等要素，探究其内在联系和运作规律。通过教学实践的回顾和分析，教师能够厘清教学思路，优化教学策略，提升教学设计和实施的科学性、针对性。同时，教学反思还有助于教师及时发现和解决教学中存在的问题，不断完善和创新教学模式，推动其教学理念和教学行为的转变。可以说，教学反思既是教师专业成长的重要途径，也是提升教学质量和教学效果的关键所在。

从实践层面来看，教学反思可以有效促进中小学英语教师教学能力的提升。英语作为一门语言学科，其教学过程涉及语音、词汇、语法、文化等多个要素，对教师的知识储备和教学技能提出了较高要求。通过教学反思，教师可以系统梳理英语教学的特点和规律，深入分析学生学习英语的认知特点和心理需求，进而优化教学内容的选择、教学方法的运用和教学活动的组织，提高英语课堂教学的实效性。例如，教师可以通过反思总结出在英语阅读教学中应注重语篇的完整性、语义的连贯性、词汇的重复性等规律，从而在教学实践中更加重视语境的创设、语篇的分析、词汇的复现等环节，提升学生的阅读理解能力。又如，教师可以通过反思发现传统的语法讲解方式难以激发学生的学习兴趣，进而尝试情景对话、游戏活动等生动活泼的教学方式，调动学生学习语法的主动性和积极性。总之，教学反思为中小学英语教师专业能力的发展提供了广阔空间和持续动力。

从自我提高的角度来看，教学反思是教师自我认识、自我完善的有效途径。在教育教学实践中，教师难免会遇到各种困惑和挫折，产生职业倦怠和成长瓶颈。而教学反思则为教师提供了一个自我探索、自我突破的平台。通过回顾和反思自己的教学历程，教师可以深入审视自身的教育理念、师德修养、专业素质等，客观认识自身的优势和不足，进而明确努力方向和改进措施。在反思中，教师还可以重新审视自己与学生、同事之间的关系，反思自己的教学行为和育人方式是否恰当，不断修正和完善自己的教育态度和教学风格。可以说，教学反思是教师自我反省、自我超越的重要路径，对于塑造教师良好的职业形象、提升教师自身的人格魅力具有重要意义。

二、教学反思促进中小学英语教师专业成长的机制

(一)反思能促进教师教学经验提炼与积累

反思是教师专业成长的重要途径和内在动力。在教学实践中，教师通过系统的反思，能够及时发现问题，总结经验，不断完善和优化自己的教学行为。这种反思不是随意的、肤浅的思考，而是建立在扎实的教育理论基础之上的，融合了教学实践的

方方面面。深入而持续地教学反思，能够帮助教师将教学理论与实践相结合，在实践中检验理论，在理论的指导下改进实践，从而实现教学经验的提炼与积累。

1.有助于教师厘清教学思路，优化教学设计

通过反思，教师能够系统梳理教学目标、教学内容、教学方法、教学评价等各个环节，分析其内在逻辑关系，构建科学合理的教学体系。在此基础上，教师可以有针对性地调整和改进教学设计，使其更加符合学生的认知特点和学习需求。例如，在备课阶段，教师通过反思可以明确教学重点和难点，合理把握教学节奏，设计富有层次感和挑战性的教学活动，从而提高课堂教学的针对性和实效性。

2.有利于教师积累和提炼宝贵的教学经验

教学是一个复杂的过程，涉及诸多因素的相互作用。在实践中，教师往往能够敏锐地捕捉到一些有价值的教学瞬间，如学生的独特见解、有效的教学策略、成功的课堂组织方式等。通过及时反思和记录，教师能够将这些零散的经验进行系统化地提炼和概括，上升为可借鉴、可迁移的教学智慧。久而久之，教师就能形成自己独特的教学风格和教学艺术，不断提升自身的教育教学水平。

3.促进教师更新教育理念，转变教学方式

在反思的过程中，教师不仅要审视自己的教学行为，更要反思背后的教育理念和价值取向。通过与新理念、新方法的对比和碰撞，教师能够及时调整和革新自己的教学观念，突破思维定式的束缚，以更加开放、包容的心态去接纳新的教育思潮。这种观念的更新必将引领教学方式的变革。教师会更加重视学生的主体地位，注重培养学生的自主学习能力，努力营造民主、平等、和谐的师生关系，从而推动课堂教学模式的变革与创新。

4.促进教师专业自主意识的提高

在反思的过程中，教师既是自身教学实践的主人，也是教学问题的发现者和解决者。这种主动、自觉的问题意识，能够激发教师的责任感和使命感，增强其专业自豪感和自信心。使得教师以更加积极、开放的心态投身到教育教学改革中，勇于尝试新的教学策略，敢于挑战传统的教学模式，在不断地探索和实践中实现自我突破和自我超越。反思意识的增强，也是教师走向专业自主的重要表征。

(二)反思能驱动教师教学理念更新与优化

教学反思是教师专业成长的重要驱动力,它能够引导教师不断更新教学理念,优化教学实践。在反思的过程中,教师能够审视自己的教学行为,发现存在的问题,进而探索改进的方法。这一过程不仅能够提升教师的教学能力,更能推动其教育教学观念的转变。

1.教学反思能够帮助教师正确处理教学目标和教学内容之间的关系

在备课和授课过程中,教师往往会陷入"教什么"和"怎么教"的困惑。通过反思,教师能够重新审视教学目标,思考如何选择和组织教学内容,使其与目标相匹配,避免出现偏离主题或重点不突出的问题。同时,反思还能促使教师关注学生的学习需求和认知特点,据此调整教学内容的深度和广度,提高教学的针对性和实效性。

2.教学反思能够推动教师创新教学模式和方法

传统的教学模式往往以教师为中心,强调知识的传授和灌输。而通过反思,教师能够意识到这种模式的局限性,进而探索以学生为中心的教学方式,注重培养学生的主动性和创造性。例如,教师可以设计探究性学习任务,引导学生自主建构知识;又如,教师可以组织小组合作学习,促进学生之间的交流与互动。这些创新的教学模式不仅能够提高学生的学习兴趣,更能够培养其批判性思维和问题解决能力。

3.教学反思有助于教师重构教学评价体系

传统的教学评价往往侧重结果而忽视过程,注重量化指标而忽视质量性描述。而通过反思,教师能够认识到多元评价的重要性,建立起过程性评价与终结性评价相结合、定量评价与定性评价相结合的综合评价体系。这种评价方式不仅能够全面考查学生的学习状况,更能够为教师提供及时、准确的反馈信息,助其改进教学。

4.教学反思能促进教师专业情怀和师德修养的提高

在反思的过程中,教师不仅要审视自己的教学行为,更要反思自己的教育情怀和价值追求。通过这种自我反思,教师能够不断强化育人意识,树立以学生为本的教育理念。同时，教师还能在反思中加深对教书育人使命的认识，增强教育事业的责任感和使命感。

（三）反思能引领教师教学行为改进与提升

教学反思是教师专业发展的重要推动力，它引领教师不断审视和优化自己的教学行为，促进其教学理念、教学策略的更新和提升。针对中小学英语教师而言，在核心素养理念指引下开展教学反思，对提升英语学科教学能力、推动学生英语学科核心素养的培养具有重要意义。

1. 教学反思能够帮助教师发现教学行为中存在的问题和不足

在实际教学过程中，教师往往会形成一些固有的教学模式和习惯，但这些模式和习惯并不一定都是科学、有效的。通过反思，教师能够站在更高的视角审视自己的教学行为，客观分析其中的优点和缺陷。例如，教师可能会发现自己在课堂上过于注重语法知识的讲解，而忽视了对学生语言运用能力的培养。又如，发现自己的教学方式过于单一，难以调动学生的学习兴趣和积极性。这些问题的发现为教师改进教学提供了切入点和方向。

2. 教学反思能够激发教师优化教学策略的内生动力

问题的发现只是改进的起点，更重要的是要找到解决问题的方法和路径。在反思过程中，教师会主动探寻优化教学的策略和方案，尝试采用新的教学模式、教学技术，以期达到更好的教学效果。例如，针对语法教学和语言运用脱节的问题，教师可以尝试在语法讲解中融入更多的情景对话和任务活动，引导学生在具体语境中学习和运用语法知识；针对教学方式单一的问题，教师可以积极引入信息技术手段，运用多媒体课件、在线学习平台等丰富教学形式，提高学生学习的趣味性和参与度。这些教学方法的优化离不开教师主动反思和积极探索的过程。

3. 教学反思有助于教师形成开放、进取的教学态度

教育教学是一项极具创造性和挑战性的工作，面对不断变化的教育环境和学生需求，教师必须保持开放、进取的心态，勇于突破既有的教学模式和固有的思维定式。通过反思，教师能够更加清晰地认识到教育教学的复杂性和发展性，看到自身专业发展的无限可能，从而以更加开放、积极的态度投身教学实践。例如，在核心素养理念引领下，英语学科的教学目标已经从单纯的语言知识传授转向语言

综合运用能力的培养，这就要求教师跳出传统的“3P”(Presentation，Practice，Production)教学模式，探索更加注重实践、体验、交流的教学路径。只有秉持开放、进取的反思态度，教师才能主动适应时代发展，不断推陈出新。

4. 教学反思为教学行为的改进提供了系统、持续的路径

教师专业发展是一个长期、渐进的过程，单纯依靠外部的培训和指导往往难以达到预期效果，必须激发教师自我反思、自我更新的内驱力。教学反思为教师搭建起了“经验—反思—改进—提升”的专业成长螺旋，帮助教师在循环往复的反思实践中不断积累经验、优化策略、提升能力。例如，教师在尝试新的教学模式后，可以通过课后反思总结其中的得失，进一步完善和改进；在解决一个教学问题后，又可以发现新的问题，开启下一轮探索。久而久之，教师的教学智慧和专业素养就会在这种螺旋式成长中得到持续提升。

三、培养中小学英语教师教学反思意识与习惯的方法

(一)加强教学反思理论学习与实践指导

加强教学反思理论学习与实践指导是提升中小学英语教师教学能力的重要路径。教学反思作为一种高效的教师专业发展方式，能够帮助教师系统梳理教学经验，优化教学策略，不断改进教学实践。然而，当前许多中小学英语教师对教学反思的认识还比较模糊，缺乏系统的理论学习和实践指导，导致反思活动流于形式，难以发挥应有的作用。因此，学校和教育行政部门应高度重视这一问题，采取切实措施加强教师教学反思能力的培养。

理论学习是开展教学反思的基础。只有掌握扎实的教学反思理论知识，教师才能正确理解反思的内涵、意义和方法，也才能在实践中灵活运用、举一反三。为此，学校应定期组织教师开展教学反思理论专题学习，邀请专家学者讲解反思的基本概念、主要类型、操作流程等，帮助教师夯实理论基础。同时，鼓励教师广泛阅读国内外优秀的教学反思案例和研究文献，学习借鉴他人的教学反思经验和智慧，开阔思路视野。教育行政部门也应将教学反思纳入教师培训的重要内容，开设系统的理论课程，提升广大教师的反思意识和水平。

在理论学习的基础上，学校还应搭建平台，为教师教学反思实践提供必要的指导和支持。一方面，学校要营造良好的教学反思氛围，制定相关政策制度，将教

学反思纳入教师考核和职业发展的重要指标，调动教师参与教学反思的积极性和主动性。另一方面，学校要开展形式多样的教学反思实践活动，如组建教学反思小组、开展教学反思沙龙、举办教学反思竞赛等，为教师提供交流分享、互相启发的机会。同时，学校还可聘请经验丰富的优秀教师担任教学反思指导教师，对青年教师的教学反思实践给予悉心指导，帮助他们尽快掌握教学反思的方法和技巧。

中小学英语教研组织也应发挥自身优势，加强对教师教学反思的专业引领。教研员要深入一线，通过听评课、访谈交流等方式，及时发现教师在反思中存在的困惑和问题，有针对性地给予指导和帮助。同时，教研组织应积极开展教学反思专题研究，加强反思实践的理论总结，形成可推广、可借鉴的教学反思范式和经验，为广大教师提供参考。教研员还要充分利用教研活动平台，组织教师开展反思案例分享、反思难点问题研讨等活动，促进教师间的互动交流与共同提高。

(二)营造支持教学反思的环境与氛围

营造支持教学反思的环境与氛围，需要学校管理者、教师以及学生共同努力。学校管理者应该重视教学反思在教师专业成长中的关键作用，将其纳入学校的整体发展规划。一方面，学校要制定相关政策，为教师开展教学反思提供制度保障。例如，可以在教师绩效考核中增加教学反思的权重，鼓励教师积极反思教学实践；又如，可以设立教学反思专项基金，资助教师开展教学反思研究。另一方面，学校要优化资源配置，为教师教学反思创造良好的物质条件。这包括建设教学反思平台、完善教研室功能、丰富图书资料等，让教师能够便捷地获取教学反思所需的信息和资源。

教师是教学反思的主体，提升教师教学反思的意识和能力是营造支持性环境的关键。

首先，教师要树立终身学习理念，把教学反思作为自己专业成长的内在需求。

其次，教师要主动学习教学反思的理论和方法，提高教学反思的科学性和有效性。

再次，教师要积极参与教学反思实践，在行动中不断优化教学反思。

最后，教师之间要加强交流与合作，通过集体备课、说课、评课等形式，相互启发、共同提高。只有教师成为教学反思的践行者和推动者，教学反思的环境和氛围才能真正形成。

学生是教学反思的参与者和受益者，学生的积极配合对于营造良好的教学反思环境也至关重要。学生作为教学活动的直接参与者，他们的反馈对教师优化教学具有重要价值。学生观点的引入，不仅有助于教师全面审视教学得失，更能增强教学反思的客观性和说服力。

（三）建立教学反思的制度保障激励与评价机制

要建立有效的教学反思激励与评价机制，首要任务是转变教育管理者和教师的观念，树立科学的教学反思观。教学反思不应被视为教师的额外负担或形式主义的任务，而应成为教师专业发展不可或缺的内在需求和自觉行为。学校管理者要充分认识教学反思对于提升教学质量、促进教师专业成长的重要意义，将其纳入学校教育教学工作的整体规划中，营造鼓励反思、支持反思的校园文化氛围。

同时，学校应建立健全教学反思的制度保障体系，为教师开展反思活动提供必要的时间、空间和资源支持。可以考虑在教师工作量计算中单列教学反思的时间，为教师留出专门从事反思的时间。学校还可以提供反思活动所需的场地、设备等物质条件，如建立教学反思室、配备音视频录制设备等。此外，学校应设立教学反思专项经费，用于支持教师参加教学反思培训、开展反思研究等。

在教学反思的具体实施中，应建立科学合理的评价标准和奖惩机制。评价标准要全面考虑教学反思的质量、频次、效果等因素，避免片面追求教学反思数量而忽视质量。学校可制定教学反思评价量规，从教学反思内容的针对性、深刻性，教学反思方式的多样性，教学反思成果的应用性等方面进行全面考查。对于教学反思质量高、成果突出的教师，学校应给予物质奖励和精神激励，如优先晋升职称、评选优秀教师等。对于教学反思积极性不高的教师，学校则要加强引导和督促，必要时可采取一定的问责措施。

教学反思激励与评价要坚持定性和定量评价相结合，理论研究和实践应用相结合的原则。既要重视教学反思内容的创新性和理论深度，又要关注教学反思成果对教学实践的指导作用。学校可以定期组织教学反思优秀成果评选活动，在全校范围内推广优秀教师的教学反思经验。同时，鼓励教师将教学反思成果撰写成教学案例或教研论文，推动教学反思理论与实践的深度融合。

建立校本化的教学反思共同体，为教师搭建交流分享的平台，也是完善教学反思激励与评价机制的重要举措。学校可以组建由骨干教师、教研员、教学管理人员等组成的教学反思共同体，定期开展主题式的研讨活动。教师可以在共同体中分享教学反思心得、解决教学困惑、碰撞思想火花，在同伴的支持与鼓励下不断提升教学反思水平。学校还可以依托教学反思共同体，组织跨学科、跨年级的教学反思沙龙活动，促进不同学科教师之间的交流与合作。

第三节　基于行动研究的中小学英语教师教学能力提高

一、行动研究的定义、特点与价值

（一）行动研究的定义

行动研究是一种以教师为主体、以改进教学实践为目的的研究方式。它强调教师在教学实践中通过系统地观察、反思、行动来解决问题，提高教学质量。行动研究的核心理念是将教师视为教育情境中的积极参与者和变革推动者，而不仅仅是知识的传授者。在这一研究过程中，教师需要运用科学的研究方法，深入分析教学现状，发现并定性问题，制定行动方案，实施干预措施，评估行动效果，并在此基础上不断反思和改进。

从本质上讲，行动研究是一种教师专业发展的途径。它能帮助教师突破日常教学的惯性思维，培养问题意识和反思能力。通过亲身参与研究过程，教师能够更加系统、深入地认识教学规律，掌握教育研究的基本方法，提升专业素养和实践智慧。同时，行动研究也为教师搭建了一个交流、协作的平台。在研究过程中，教师可以与同事、专家展开对话，分享经验，碰撞思想，形成专业共同体。这种互动交流不仅有助于个体教师的专业成长，也能推动学校整体教学文化的变革。

行动研究虽然强调教师的主体性，但并不排斥理论指导和专家支持。事实上，扎实的理论基础和规范的研究方法是开展行动研究的重要前提。教师需要广泛阅读相关文献，了解本领域的前沿动态，吸收借鉴已有的研究成果。同时，教师也应该积极寻求专家的指导，学习科学的研究范式和技术方法。只有理论与实践相结合，主体性与科学性相统一，行动研究才能真正发挥应有的效力。

（二）行动研究的特点

行动研究作为一种教育研究的方法论，具有鲜明的特点。它强调研究与实践的紧密结合，注重问题解决导向，追求教学改进和教师专业发展的统一。行动研究的特点体现在以下方面。

首先，行动研究以问题为导向，旨在解决教育教学实践中的具体问题。教师在教学过程中遇到的种种困惑和挑战，往往能成为开展行动研究的出发点。通过对问题的诊断和分析，教师制定切实可行的行动方案，并在实践中不断修正和完善，最终实现问题的有效解决。这种问题导向的研究方式，确保了行动研究与教学实践的高度契合，使研究成果能够直接服务于教学改进。

其次，行动研究强调教师的主体性和能动性。在行动研究中，教师不再是被动的研究对象，而是研究的主体和参与者。教师基于自身的教学经验和反思，主动识别和界定研究问题，设计和实施研究方案，评估和总结研究成果。这一过程充分调动了教师的积极性和创造性，促进了教师反思能力和研究能力的提升。教师通过亲身参与研究，能够更加全面和深入地认识教育教学规律，形成基于证据的教学决策，不断优化自己的教学实践。

再次，行动研究突出循环反复、螺旋上升的特点。行动研究并非一蹴而就，而是一个不断反思、改进的过程。教师在研究过程中，可通过计划、行动、观察、反思等环节的循环往复，持续优化研究方案和实践策略。每一个循环都建立在前一个循环的基础之上，研究的深度和广度不断拓展，问题解决的针对性和有效性不断提高。这种循环反复、螺旋上升的研究方式，体现了行动研究追求持续改进、不断超越的内在要求。

最后，行动研究注重研究主体之间的协作互动。尽管教师是行动研究的主要参与者，但研究的顺利开展离不开多方主体的密切配合。学生、同事、专家学者等都是行动研究不可或缺的参与者和支持者。通过与学生的交流互动，教师能够更加全面地了解学生的学习需求和认知特点，从而优化教学设计和实施。同事之间的协作与交流，能够促进教学经验的分享和集体智慧的生成，形成教师专业发展的合力。专家学者的指导和支持，则为行动研究提供了必要的理论指引和方法论支撑，帮助教师提升研究的科学性和规范性。

（三）行动研究的价值

行动研究作为教师专业发展的重要途径，其独特的价值已被教育界广泛认可。与传统的教学研究不同，行动研究强调教师要在教学实践中主动发现问题，并通过系统的研究过程来寻求解决方案。这一过程不仅能够提高教师的教学反思能力和研究能力，更能激发其探索未知、创新实践的热情。

从知识生成的角度来看，行动研究为教师创造了将理论与实践相结合的契机。在行动研究中，教师需要运用已有的教育理论和学科知识来分析教学现象，同时又要根据实践经验来反思和修正理论认知。这种理论与实践的交互过程，有助于教师构建更加丰富、系统的知识体系，提升其专业素养和教学智慧。

从问题解决的角度来看，行动研究为教师提供了科学、有效的思路和方法。面对教学中的各种困惑和挑战，教师通过开展行动研究，能够更加全面、深入地分析问题的成因，并在此基础上提出切实可行的解决方案。这不仅能够帮助教师破解教学难题，优化教学策略，更能够培养其勇于面对挑战、善于解决问题的能力。

从专业成长的角度来看，行动研究为教师搭建了自主发展的平台。不同于被动接受的培训和指导，行动研究鼓励教师根据自身需求和兴趣，主动选择研究主题，设计研究方案，实施研究行动。在这一过程中，教师的主体性和能动性能得到充分发挥，其专业自主意识和责任意识也能得到增强。长此以往，教师必将成长为学习型、研究型、创新型的教育工作者。

从教育变革的角度来看，行动研究为推动教学改革、促进学校发展提供了重要动力。当越来越多的教师投身行动研究，并将研究成果应用于教学实践时，学校的整体教学质量和办学水平必将得到提升。同时，教师在行动研究中积累的经验和智慧，也将为教育决策提供重要参考，推动教育事业的科学发展。

正是基于以上价值和意义，教育管理部门和学校都应高度重视和支持教师开展行动研究。一方面，要在政策和制度层面为教师参与行动研究提供保障，如给予适当的时间和经费支持，将行动研究纳入教师考核和职称评定等。另一方面，要加强对教师行动研究的指导和服务，如聘请专家学者开设行动研究方法论培训，建立行动研究项目孵化平台，搭建跨校跨区的行动研究共同体等。唯有如此，教师参与行动研究的积极性和研究能力才能不断提升，行动研究的独特价值才能充分彰显。

二、中小学英语教师开展行动研究的策略与方法

（一）确立研究主题

确立研究主题是中小学英语教师开展行动研究的首要步骤。行动研究主题的选择直接关系到研究的质量和效果，因此教师必须慎重对待，科学确立。在确立研究主题时，教师应该充分考虑以下方面：

第一，研究主题要源于教学实践，切合教学实际。行动研究的根本目的在于解决教学中的实际问题，促进教师专业发展。因此，研究主题必须来源于教师在日常教学中遇到的困惑和问题，如学生学习兴趣不高、课堂参与度低、学习效果不理想等。只有扎根教学实践，研究才能体现针对性和实效性，也才能为教学实践

提供切实指导。

第二，研究主题要契合教师自身的专业发展需求。不同教师由于教学经验、专业背景、学生特点等方面的差异，在专业发展方面存在不同的关注点和提高需求。教师应该根据自己的专业发展阶段和目标，选择能够促进自身专业成长的研究主题。例如，青年教师可能更关注课堂组织与管理、教学设计等方面的提高，而骨干教师则可能更注重教学模式创新、学科整合等方面的探索。选择契合自身发展需求的研究主题，教师的研究动机会更加强烈，投入也会更加充分。

第三，研究主题要具有一定的理论价值和现实意义。教师确立的研究主题应该在理论上有一定的探索空间，能够为学科教学理论的发展提供新的视角和启示；同时，研究主题也应该具有现实针对性，能够为解决教学实践中的共性问题提供借鉴和参考。具有理论价值和现实意义的研究主题，不仅能够提升教师个人的研究兴趣和价值感，也能够增强研究成果的推广应用价值，产生更大的辐射效应。

第四，研究主题要符合教育发展的时代要求。当前，核心素养理念已经成为基础教育改革的时代主题。中小学英语教师在确立研究主题时，应该主动融入核心素养理念，选择有利于学生英语学科核心素养发展的研究方向，如语言能力培养、文化意识提升、思维品质养成、学习能力发展等。与时俱进地确立研究主题，能够使个人的研究实践与教育发展的宏观趋势相契合，增强研究的前瞻性和引领性。

（二）制订研究计划

制订研究计划是开展行动研究的关键环节，对于确保研究的科学性、可行性和有效性具有重要意义。中小学英语教师在制订行动研究计划时，需要全面考虑研究主题、研究目标、研究方法、研究步骤等要素，形成一个系统、细致、可操作的行动方案。这一过程不仅有助于厘清研究思路，明确研究方向，更能够为后续研究的顺利开展奠定坚实的基础。

1. 教师要根据自身教学实践和学生学习需求，选择恰当的研究主题

一个好的研究主题应该具有针对性、实践性和创新性，能够切实解决教学中存在的问题，推动教学实践的改进和创新。例如，针对学生英语口语表达能力薄弱这一问题，教师可以选择“提升初中生英语口语交际能力的方法研究”作为主题，通过行动研究探索有效的教学方法和手段。在确定研究主题后，教师还需要

进一步明确研究目标，即通过研究希望达到的预期效果。研究目标应该具体、可测、可达，为研究活动提供明确的方向和评价标准。

2. 教师要根据研究主题和目标，合理设计研究方法和工具

行动研究强调理论与实践的结合，注重运用多元化的研究方法收集和分析数据。常见的研究方法包括课堂观察、问卷调查、访谈、测试等。教师需要根据研究问题的性质和研究对象的特点，选择恰当的研究方法，设计科学、可行的研究工具。例如，为了深入了解学生的英语学习需求和困难，教师可以采用问卷调查的方法广泛收集数据，同时辅以个别访谈，深入挖掘学生的真实想法。在设计研究工具时，教师要注重问题的设置应符合研究主题，能有效获取所需信息。

3. 教师要对研究过程进行周密安排，制定详细的研究步骤和时间表

一般来说，行动研究包括问题确定、方案设计、行动实施、效果评估、反思改进等环节。教师需要对每个环节的任务、内容、方式等进行具体规划，确保研究活动有条不紊地开展。同时，教师还要预估每个环节所需的时间，合理分配研究任务，制定详细的时间表。这样不仅能够避免研究进度的拖延，还能够为研究过程提供清晰的路线图，便于教师及时跟进和调整。

4. 教师需要做好研究过程中客观事实和数据的记录准备

行动研究是一个动态、持续的探索过程，教师需要及时、全面地记录研究过程中的各种信息，包括教学活动设计、学生反馈、个人反思等。完整的研究记录不仅是研究成果的重要支撑，更是教师专业成长的宝贵财富。为了方便记录和管理，教师可以制作研究日志、教学随笔等，将研究经历系统化、条理化。

5. 教师要预设研究方案突发情况的应对措施和可能遇到的困难

在研究计划中，教师要认真分析研究过程可能出现的问题和挑战，提前设计应对的问题，做好充分准备。例如，教师要考虑如何争取学校和家长的支持，如何调动学生的参与热情，如何应对研究过程中的困难和挫折等。唯有未雨绸缪，才能在研究过程中从容应对各种挑战，确保行动研究活动的顺利进行。

（三）行动实施方案

在确定了行动研究主题和制订研究计划后，教师需要着手实施具体的行动方

案。这一环节对于行动研究取得预期成效至关重要。在实施过程中，教师应坚持目标导向，根据研究计划有序推进，同时灵活调整方案，不断优化实施路径。

1.将行动方案细化为可操作的具体步骤

一个切实可行的行动方案应包括明确的实施目标、详细的任务分工、合理的时间安排等要素。教师可以运用思维导图等工具，将行动方案进行可视化呈现，使其更加清晰、有条理。同时，要注重方案的针对性和可行性，避免空泛、不切实际地设计。只有将抽象的方案转化为具体的行动，才能为研究的顺利实施提供有力保障。

2.重视团队协作，发挥集体智慧

行动研究不是教师的"独角戏"，而是需要全体参与者共同努力的系统工程。在实施过程中，教师要与学生、家长、同事等建立良好的沟通互动，积极听取他们的意见和建议，形成团队共识。通过专题研讨、经验分享等方式，教师可以与团队成员深入探讨行动方案，集思广益，不断完善优化。同时，要加强分工协作，发挥每个成员的特长，形成合力，提升研究实效。

3.注重过程管理，做好跟踪反思

行动研究是一个动态发展的过程，教师要全程参与，加强过程管控。一方面，教师要严格按照研究计划推进实施，确保各项任务按时保质完成；另一方面，教师要及时总结经验教训，调整优化方案。通过撰写研究日志、召开阶段性总结会等方式，教师可以动态掌握研究进展，发现并解决实施中的困难和问题。同时，要勇于反思，以开放、审慎的态度对待研究，虚心接纳他人意见，不断改进提高。

4.注重成果转化，扩大研究影响

行动研究的根本目的是解决教育教学实践中的问题，促进教学质量的提升。因此，教师要重视研究成果的转化应用，将研究所得落实到实际教学中。通过教学观摩、经验交流等方式，教师可以与同事分享研究成果，推动优秀经验的推广。同时，要主动对外宣传，通过发表论文、参加学术会议等途径，扩大研究影响，为教育教学改革贡献智慧和力量。

三、行动研究在中小学英语教师专业发展中的作用

(一)促进教师自主发展

行动研究是一种将研究与实践相结合的方法,它强调教师作为研究者和改革者的双重身份,通过对教学实践的系统研究和反思来提高教学能力和教学质量。在核心素养视域下,中小学英语教师开展行动研究对于促进自身专业发展具有重要意义。

1.行动研究能够帮助教师树立自主发展意识,成为专业发展的主人

传统的教师专业发展往往以短期培训、专家讲座等被动接受式的方式为主,教师缺乏自主性和能动性。而行动研究则鼓励教师根据自身教学实际,主动发现和界定问题,设计并实施解决方案,在研究过程中不断反思和调整,最终实现教学改进。这一过程能充分调动教师的主观能动性,激发教师的内生动力,使其成为专业发展的主人。

2.行动研究能为教师搭建理论与实践相结合的桥梁

教育理论研究与一线教学实践之间往往存在着一定的鸿沟,许多教师感到理论研究脱离实际、难以指导实践。行动研究则要求教师在扎实的理论基础上,紧密结合自身的教学情境,运用科学的研究方法去观察、分析、解决实际问题。在这一过程中,教师不仅能够深化对教育理论的理解,更能够提升运用理论指导实践的能力,实现理论与实践的有机结合。

3.行动研究有助于形成教师专业发展的学习共同体

行动研究并非教师的单打独斗,而是需要教师之间的合作与交流。在研究过程中,教师可以与同伴分享研究设想、交流研究进展、探讨研究困惑,彼此启发、互相支持。这种专业对话和协作反思,不仅能够拓宽教师的视野,更能增进彼此的情感交流,形成一种积极向上的专业发展氛围和学习共同体。

4.行动研究能促进教师在研究中提高专业能力

行动研究不仅仅聚焦于解决具体问题,更注重教师专业能力的生成与提高。

在研究过程中，教师需要收集资料、设计方案、组织实施、总结反思，这一系列环节对教师的教学设计能力、课堂组织能力、反思评价能力等都提出了更高要求。通过参与行动研究，教师能够在实践中磨炼技能、积累经验、提升能力，实现全面而系统的专业成长。

(二)推动教学改革创新

行动研究作为一种促进教师专业发展的重要途径，在推动教学改革创新中发挥着不可替代的作用。通过行动研究，教师能够深入反思自己的教学实践，发现问题，提出假设，设计干预方案，并在实践中不断修正和完善。这一过程不仅能够提高教师的反思能力和研究能力，更能够激发其探索创新的热情，推动教学实践的持续优化。

从本质上讲，行动研究是一种立足教育实践、以问题为导向的研究方式。教师在教学过程中遇到的种种困惑和挑战，往往是开展行动研究的起点。通过对教学现状的系统观察和分析，教师能够找到影响教学效果的关键因素，并提出切实可行的改进策略。在这一过程中，教师不仅要运用教育教学理论对问题进行深入剖析，更要结合自身的经验智慧和对学生的洞察，提出独特的解决方案。正是在这种理论与实践、知识与经验的碰撞融合中，教学改革创新的火花才能迸发出来。

行动研究对于推动教学改革创新的意义还体现在其独特的循环反馈机制上。不同于传统的教学研究，行动研究强调在实践中不断修正和完善干预方案。教师在实施改革的过程中，要时刻关注学生的反馈和课堂的实际效果，并据此动态调整教学策略。这种循环往复、不断优化的研究过程，使得教学改革能够紧密契合教育教学实践的需要，真正落地生根、开花结果。同时，行动研究中形成的经验知识和优秀案例，也能够为其他教师的教学实践提供借鉴和有益启示。

行动研究还为教师搭建交流合作的平台，形成教学改革的合力。在行动研究过程中，教师往往需要与同事、专家、学生等展开深入对话和协作。这种跨主体的交流互鉴，不仅能够拓宽教师的视野，启发教学智慧，更能够凝聚教学改革的共识和动力。教师之间的经验分享、集体备课、说课、评课等，都是开展行动研究的常见形式。正是在这种专业共同体的建设中，教学改革创新的队伍才不断壮大，教师的专业素养也得到持续提升。

(三)提升教师专业素养

行动研究是提升中小学英语教师专业素养的重要途径。在开展行动研究的过程中，教师不仅能够反思自己的教学实践，发现并解决教学中存在的问题，还能够不断更新教育理念，优化教学方法，提高教学效果。这种在实践中研究、在研究中反思的过程，有助于教师形成积极主动的专业发展意识，养成终身学习的良好习惯。

行动研究能够促进中小学英语教师在知识、能力、情感态度等方面的全面发展。从知识层面来看，行动研究要求教师深入研读相关文献资料，了解学科前沿动态，掌握最新的教育教学理论。在这一过程中，教师的学科知识体系将不断完善，教育教学理念也会得到更新。同时，行动研究还能引导教师反思自身的知识结构，发现其中的不足，并通过自主学习、同伴互助等方式加以弥补。从能力层面来看，行动研究能够显著提升教师的教学反思能力、研究能力和实践能力。在设计并实施行动研究方案的过程中，教师需要运用批判性思维审视教学现状，运用创新思维探索解决策略，运用实践智慧检验方案效果。长此以往，教师观察问题的视角将更加开阔，分析问题的思路将更加缜密，解决问题的方法将更加多元。从情感态度层面来看，行动研究有助于培养教师求真务实的治学态度和严谨自律的职业操守。在探寻教育教学规律的过程中，教师将逐步构建科学理性的世界观和方法论，形成对教育事业的崇高责任感和使命感。

行动研究还是推动教师专业发展共同体建设的有效抓手，在行动研究中教师之间可以通过经验分享、专题研讨等形式交流思想、碰撞智慧，在同伴的帮助和启发下不断完善研究设计，优化实施方案。一方面，这种头脑风暴式的集体智慧能够使研究成果更加科学、全面；另一方面，这种互助互信的合作文化能促进教师在倾听、表达、包容等方面的团队意识和人际交往能力。行动研究既是教师个人专业发展的需要，也为教师搭建起了展示才华、分享经验的广阔平台。

参考文献

[1]孟佳莹.当代英语教学发展与教师职业素养培养的研究[M].北京:北京工业大学出版社,2023.

[2]黄焱.核心素养导向的高中英语思维型课堂教学实践[M].北京:中国文联出版社,2023.

[3]徐洁.中学英语初任教师教学能力发展研究[M].长春:东北师范大学出版社,2021.

[4]王盼盼.英语教学与教师职业素养研究[M].长春:吉林大学出版社,2023.

[5]张莉娟.外语教师的信息化教学能力提升研究[M].北京:中国纺织出版社,2023.

[6]孙二军,李诗萌,杨水娟.学科核心素养视域下中小学英语教师语言能力发展[M].北京:社会科学文献出版社,2023.

[7]王万元.核心素养视角下高中英语读写教学[M].芜湖:安徽师范大学出版社,2021.

[8]张亚军.核心素养视角下的高中英语教学实践研究[M].沈阳:辽宁大学出版社,2022.

[9]秦莉,赵春贺.英语教师语言意识研究[M].北京:现代出版社,2020.

[10]刘红,刘英,潘幸.英语核心素养与英语教学[M].长春:吉林人民出版社,2021.

[11]华娴.核心素养视域下英语教师教学能力提升策略[M].长春:吉林出版集团股份有限公司,2022.

[12]高惠蓉.英语教师专业发展教程[M].上海:华东师范大学出版社,2023.

[13]王文倩.乡村英语教师教学信念与素养培养研究[M].北京:新华出版社,2023.

[14]李慧芳.核心素养背景下的英语教学与教师专业发展[M].北京:首都师范大学出版社,2021.

[15]王艳荣.初中英语学科核心素养的培养与提升[M].北京:首都师范大学出版社,2022.